Übungsheft zu den Bildungsstandards
Biologie Klasse 7 – 8

Entwickelt von
Sabine Kling
Ernst Spangenberg

Umschlaggestaltung
Maria Reichenauer

Illustration von
Fotosatz Mäschig GmbH

FORUM

Symbolerklärung:

 Aufgabenstellung

 Beginn der zu lösenden Aufgaben

1 Aufgabennummer

 Versuch

Inhaltsverzeichnis

Nicht alle Bienen sehen gleich aus. Im Bienenstock gibt es verschiedene Bienen:

1

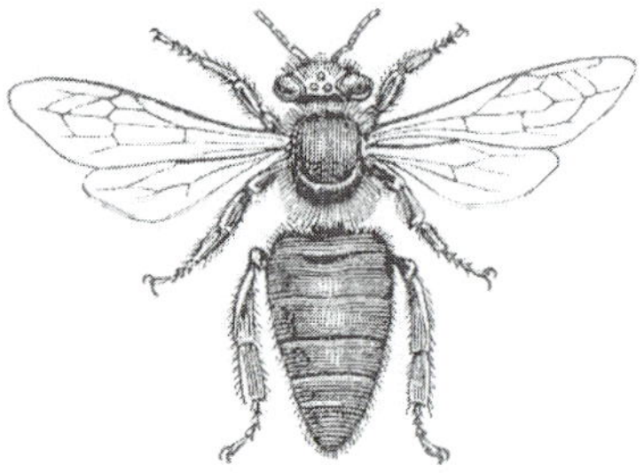

30 000 – 70 000

maximal 300 (nur im Sommer)

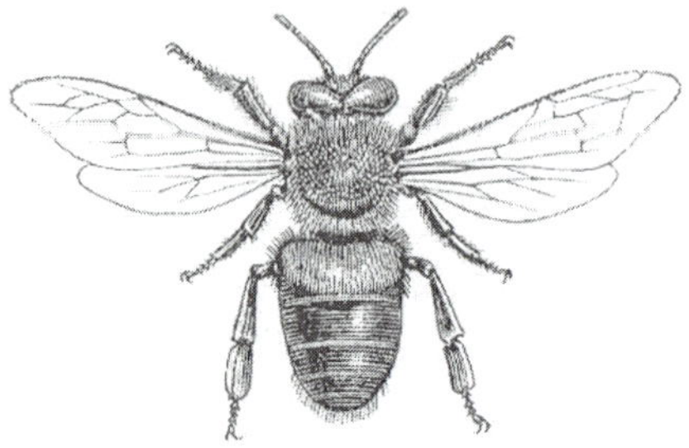

a) Welches Geschlecht und welche besonderen Kennzeichen haben diese verschiedenen Typen?

	Königin	**Arbeiterin**	**Drohne**
Anzahl / Stock:			
Geschlecht:			
Spezifische Kennzeichen:			

b)

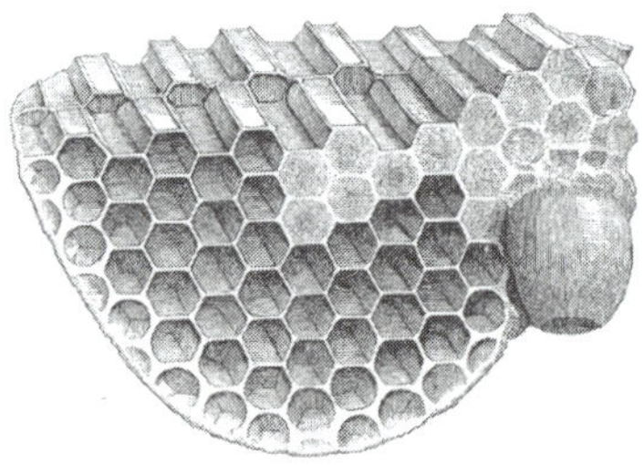

Wie entstehen diese drei verschiedenen Typen? Ordne die unten stehenden Tatsachen den einzelnen Typen in der folgenden Tabelle zu. Achtung: Manche Tatsachen müssen zwei Typen zugeordnet werden!

- Die Königin kann befruchtete und unbefruchtete Eier legen.
- Es gibt drei verschiedene Wabentypen: normale, sechseckige Wabenzellen, große, sechseckige Wabenzellen und besonders lange Weiselzellen.
- Die Larven werden entweder nur mit einem speziellen Futtersaft gefüttert, der in einer Drüse im Kopf der Arbeiterinnen gebildet wird **und sehr nährstoffreich ist,** oder sie werden die ersten drei Tage mit Futtersaft, danach aber mit Pollen und Nektar gefüttert.
- Die Entwicklungsdauer hängt von der Wabengröße und vor allem von der Fütterung ab und beträgt je nach Typ 18, 21 oder 24 Tage.

	Königin	Arbeiterin	Drohne
Eier:			
Wabenform:			
Futter für die Larven:			
Entwicklungs-dauer:			

c)

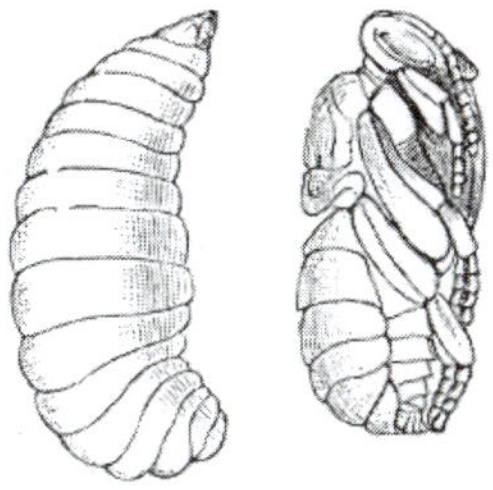

Wie erkennt die Königin, in welche Wabenform sie welche Eier legen muss? Bekanntlich ist es ja im Bienenstock „stockdunkel“.

Wie erkennen die Arbeiterinnen, welche Larven sie womit füttern müssen?

Auf der vorhergehenden Abbildung siehst Du, dass die Waben, in denen sich Puppen befinden, mit einem Seidengespinst verschlossen sind. Erwachsene Bienen können aber gar keine Seidenfäden herstellen. Wer hat die Puppenwaben mit Seidenfäden verschlossen?

Waben, die Honig enthalten, sind mit Wachs verschlossen. Weshalb wären hier Seidenfäden wohl nicht das richtige Material?

Die Bienen schwärmen

Im Sommer kann es vorkommen, dass man an einem Ast einen großen Klumpen Bienen findet. Hierbei handelt es sich um einen

______________________________ .

Wie kann man dieses sonderbare Verhalten der Bienen erklären? Versuche, die folgenden Tatsachen in eine logische Reihenfolge zu bringen. Schreibe dazu die betreffenden Buchstaben in der richtigen Reihenfolge auf. Der Lösungssatz sagt etwas über ein Produkt der Bienen aus.

H) Die Königin gibt ständig einen Duftstoff ab, der im Stock und an den Bienen hängen bleibt. Alle Bienen riechen so gleich.

I) Kurz vor dem Schlüpfen der ersten jungen Königin fliegt die alte Königin mit einem Teil des Volkes weg. Sie suchen sich eine neue Behausung.

E) Im Herbst werden die Drohnen von den Arbeiterinnen aus dem Stock geworfen und getötet,

C) Die Spermien lagert sie für ihr ganzes Leben (vier bis fünf Jahre) in einer speziellen Tasche im Hinterleib.

L) Die frisch geschlüpfte Königin fliegt an einem der nächsten Abende zum Hochzeitsflug aus und wird in der Luft von drei bis fünf Drohnen nacheinander begattet.

N) Durch das große Futterangebot legt die Königin im Frühjahr und Sommer mehr Eier (bis zu 2000 pro Tag).

G) Daraufhin beginnen die Arbeiterinnen, Weiselzellen zu bauen. In diese Weiselzellen legt die Königin ______________ Eier. Die daraus schlüpfenden ________________ werden nur mit ______________________________ gefüttert.

O) Man nennt dies den Stockgeruch.

R) weil sie nun nicht mehr gebraucht werden und durchgefüttert werden müssten.

S) Man sagt dazu, die Bienen „schwärmen".

T) Sobald die erste junge Königin geschlüpft ist, reißen die Arbeiterinnen alle anderen Weiselzellen auf und töten die anderen Jungköniginnen.

I) Dadurch, dass jetzt mehr Bienen ein- und ausfliegen, wird der Stockgeruch immer dünner.

K) Daraufhin kehrt sie für immer in den Stock zurück.

E) Die erfolgreichen Drohnen sterben unmittelbar nach der Paarung.

Der Lösungssatz lautet:

Versuche nun, die oben beschriebenen Vorgänge in einem Pfeildiagramm zu visualisieren.

Bisweilen kommt es vor, dass das Volk drohnenbrütig wird, d. h. es werden nur noch Drohnen produziert. Nenne die Ursache:

Welche Auswirkungen hat die Drohnenbrütigkeit auf das betroffene Bienenvolk?

Eine Aufgabe für Logik-Spezialisten:

Es kann gelegentlich vorkommen, dass im Winter, wenn die Bienen fest im verschlossenen Stock sitzen, und die Königin nur noch ganz wenige Eier pro Tag legt, die Königin selbst stirbt. Wie schaffen es die Arbeiterinnen, bis zum Frühjahr wieder eine befruchtete Königin zu haben? Klauen ist nicht drin!

Schreibe die dazu notwendigen Vorgänge in der richtigen Reihenfolge stichwortartig oder als Pfeildiagramm auf.

a) Wie kann eine Biene ihren Stockgenossinnen mitteilen, wo und in welcher Entfernung sie eine Futterquelle, z. B. ein blühendes Rapsfeld, entdeckt hat? Der Verhaltensforscher Karl von Frisch brauchte Jahre, um dies herauszufinden. Eigentlich ist das Prinzip ganz einfach:

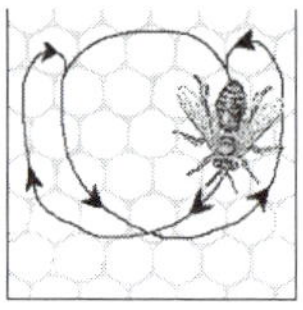

1) Liegt die Futterquelle weniger als 100 Meter entfernt vom Stock, so vollführt die Biene auf einer Wabe einen Rundtanz.

Wie können die anderen Bienen feststellen, nach welcher Futterquelle sie suchen sollen?

____

2) Liegt die Futterquelle mehr als 100 Meter vom Stock entfernt, so vollführt die Biene einen Schwänzeltanz in Form einer 8. Je langsamer die Biene dabei mit ihrem Hinterteil wackelt, desto weiter ist die Futterquelle entfernt. Wie aber teilt sie den anderen Bienen mit, in welcher Richtung vom Stock aus die Futterquelle liegt? Sehen wir uns dazu drei Beispiele an:

Die Sonne steht im Süden	Die Sonne steht im Osten	Die Sonne steht im Südwesten
Also ist es .... Uhr	Also ist es .... Uhr	Also ist es .... Uhr
Die Futterquelle liegt im Süden	Die Futterquelle liegt im Süden	Die Futterquelle liegt im Südosten
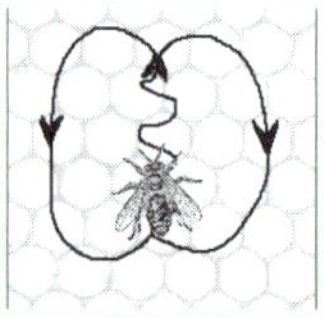	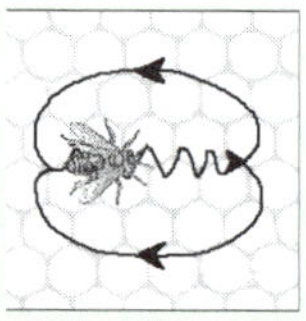	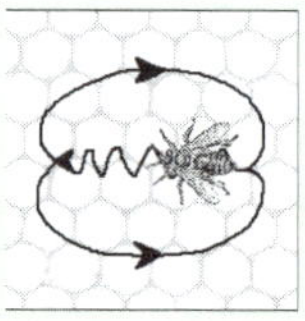

b) Finde das Prinzip heraus, das der Mitteilung zugrunde liegt:

Der Sonnenstand im Freiland entspricht auf der Wabe ______________________ ______________________ (Bedenke, dass alle Waben im Stock senkrecht nach unten hängen.)

Der Winkel zwischen der Futterquelle und ______________________ (vom Stock aus gesehen) entspricht auf der Wabe dem Winkel zwischen ________ ____

Liegt die Futterquelle genau in Richtung der Sonne, so tanzt die Biene ______________________________________ (Abb. ___)

Liegt die Futterquelle in einem Winkel von 90 Grad links von der Sonne, so tanzt die Biene ______________________________________ (Abb. ___)

Liegt die Futterquelle in einem Winkel von 90 Grad rechts von der Sonne, so tanzt die Biene ______________________________________ (Abb. ___)

c)

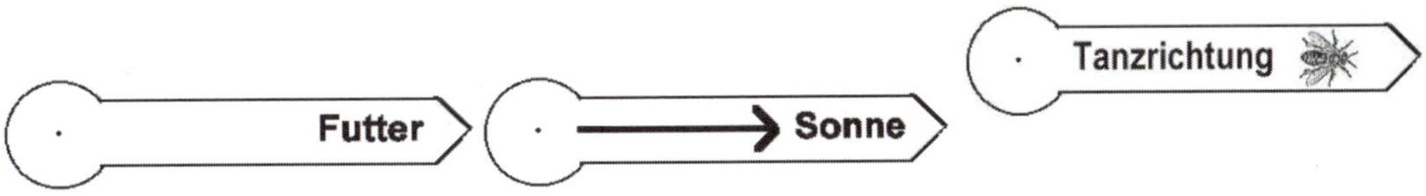

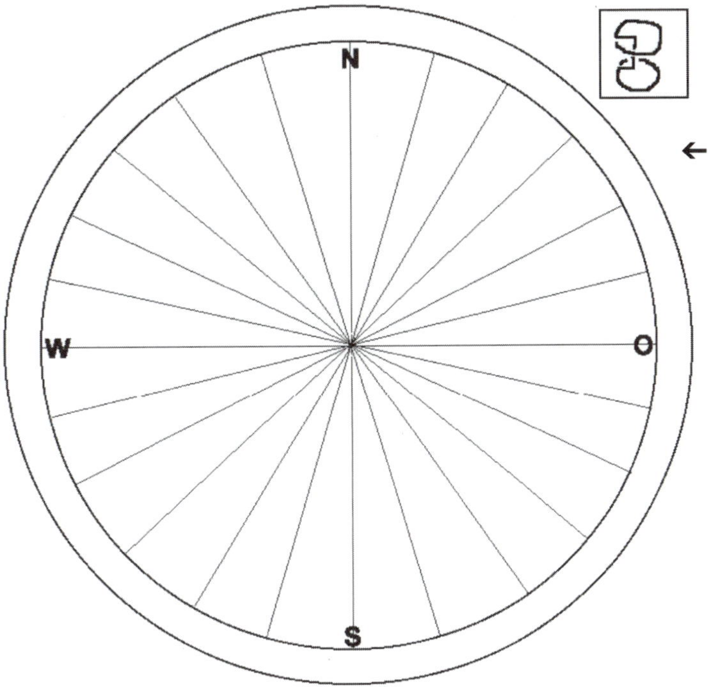

Bau einer Bienenuhr

Kopiere zunächst die ganze Seite.

1) Schneide die drei Pfeile aus.
2) ← Trage im äußeren Kreis für jede Stunde die Uhrzeit ein.
3) Befestige die Pfeile „Futter" und „Sonne" übereinander in der Mitte der Scheibe (z. B. mit einer Musterklammer oder durch ein Stück dünnen Draht – z. B. eine aufgebogene Büroklammer – den Du, wie oben im Quadrat dargestellt, biegst.).
4) Falte die obere Hälfte der Kopie so, dass diese senkrecht nach oben steht. (Die untere Hälfte der Kopie mit den Wabenzellen liegt flach auf dem Tisch.)

Hier falten --

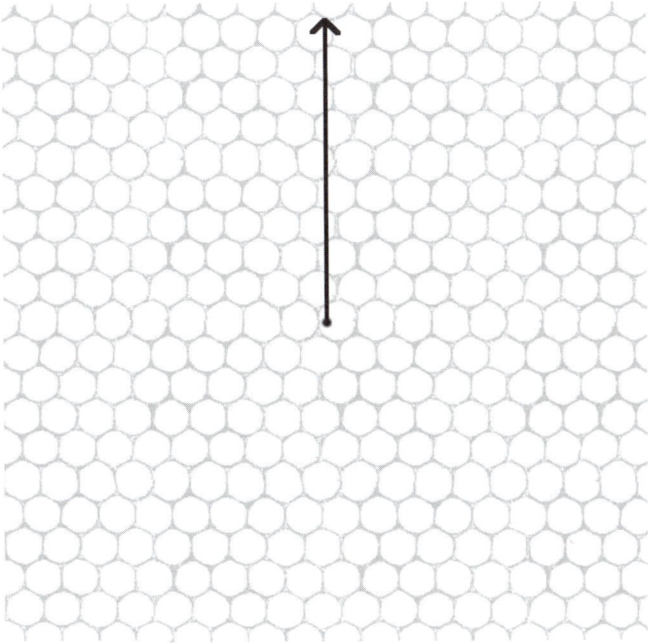

5) ← Schneide nun den Pfeil „Tanzrichtung" aus und befestige ihn mittig und beweglich auf den Waben.

Nun kannst Du die Verhältnisse im Freiland auf die Tänze der Bienen auf den senkrechten Waben im Stock übertragen.

Ja, Du kannst sogar anhand der Bienentänze die Lage der Futterquelle und die Uhrzeit feststellen.

Vervollständige mit Hilfe der Bienenuhr die Tabelle auf der nächsten Seite.

Futter	Sonnenstand	Uhrzeit	Tanzrichtung
W	S		
		9.00	⇖
O	W		
		9.00	
		15.00	⇨
	SO		⇧
SW	O		
NO		6.00	
W		24.00	
SO	N		
N			⇘
W		18.00	
N		12.00	
N	N		
		15.00	⇙

Wusstest Du schon, dass …

1. 10 Bienen 1 Gramm wiegen?
2. 1 Biene in 2 Minuten 1 km weit fliegen kann?
3. 1 Biene in ihrem Leben 8 000 km zurücklegt?
4. 1 kg Honig die Lebensarbeit von 350 bis 400 Bienen ist?
5. diese 350 bis 400 Bienen für 1 kg Honig bis zu 7 x um die Erde fliegen müssten?
6. 1 Winterbiene bis zu 9 Monate alt wird?
7. 1 Sommerbiene sich in 6 Wochen zu Tode gearbeitet hat?
8. 1 Königin im Mai / Juni bis zu 3 000 Eier pro Tag legt?
9. 1 500 bis 1 800 Bieneneier ebenso viel wiegen wie eine Königin?
10. 5 000 Eier 1 Gramm wiegen?
11. 1 Bienenlarve 2 000 Pflegebesuche bekommt?
12. 1 Bienenlarve nach 6 Tagen ihr Anfangsgewicht auf das 500fache vermehrt?
    (Vergleichsweise müsste ein menschliches Baby nach 6 Tagen 32 Zentner wiegen.)
13. 14 000 große bzw. 300 000 kleine Pollenkörner 1 Gramm wiegen?

Wir bestimmen verschiedene Insektenordnungen

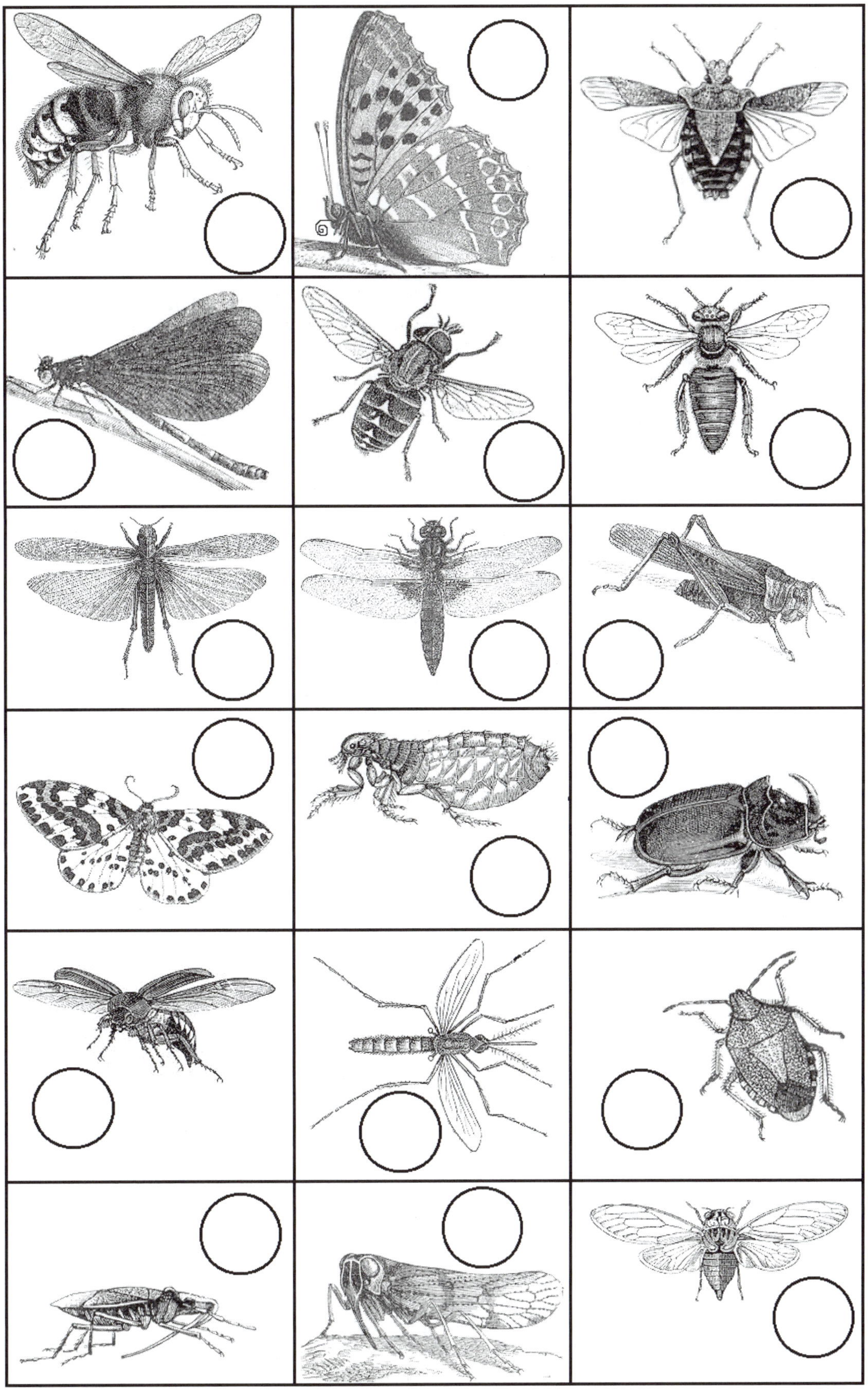

1) Zweiflügler (z. B. Fliegen, Mücken, Schnaken)	2) Käfer	3) Wanzen	4) Zikaden
5) Hautflügler (z. B. Bienen, Wespen, Ameisen)	6) Libellen	7) Schmetterlinge	8) Heuschrecken

a) Ordne die unten stehenden Beschreibungen den acht Insektenordnungen zu. Gehe dabei nach dem Ausschlussverfahren vor, d. h., Du betrachtest zunächst die Dir bekannten Ordnungen und danach erarbeitest Du die Dir unbekannten Ordnungen. Ordne anschließend die Abbildungen der vorherigen Seite den Insektenordnungen zu.

Nr.	Insektenordnung	Beschreibung zu dieser Ordnung
		Vorderflügel hart. Hinterflügel weichhäutig, länger als die Vorderflügel und in Ruhe unter diese gefaltet.
		Vorder- und Hinterflügel etwa gleich groß, lang, schmal, weichhäutig, netzartig geadert. Sehr kurze Fühler.
		Vorderflügel größer als Hinterflügel. Kopf deutlich von der Brust abgesetzt. Gut entwickelte Fühler.
		Flügel meist farbig und mit Schuppen bedeckt. Körper behaart. Langer, einrollbarer Rüssel. Gut entwickelte Fühler.
		Hinterflügel viel breiter als Vorderflügel und in Ruhe unter diesen fächerartig zusammengefaltet. Hinterbeine sind Sprungbeine.
		Hinterflügel verkümmert, nur noch als kleine Schuppen oder als trommelschlägelartige Schwingkölbchen vorhanden.
		Vorderflügel größer als Hinterflügel. Flügel dachartig. Kopf und Brust gehen ineinander über. Stechrüssel auf der Kopf-Unterseite. Sehr kurze Fühler.
		Vorderflügel-Vorderteil hart, Vorderflügel-Hinterteil weichhäutig. Hinterflügel weichhäutig, ungefähr so groß wie die Vorderflügel. Stechrüssel auf der Kopf-Unterseite.

b) Trage nun auf der (vorhergehenden) Seite die passende Nummer bei jedem Insekt ein.

Eines der abgebildeten Insekten auf S. 13 gehört keiner der genannten Insektenordnungen an. Kennst Du es? Bild _____ in der _____ Reihe zeigt

____

Ordne diese drei Insekten den oben genannten Ordnungen zu:

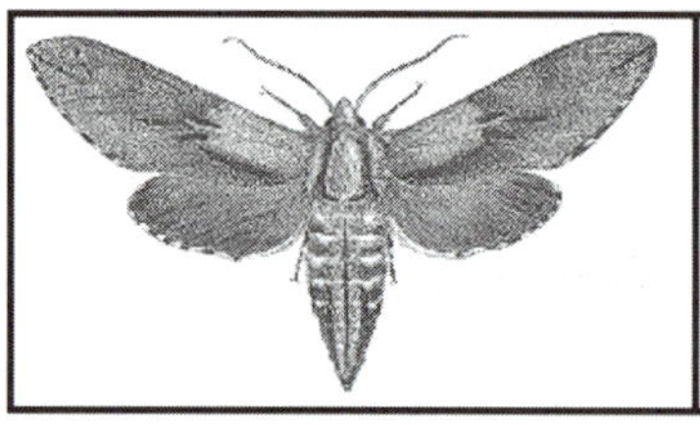
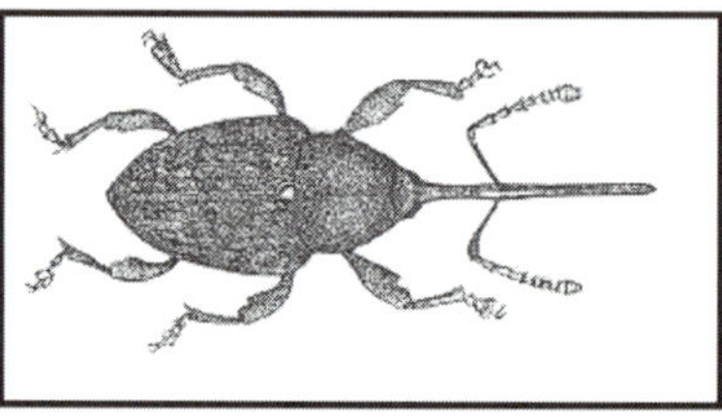

____

a)

1. Unterreich: Einzeller:

- Klasse Wurzelfüßer

Art: ____________________

Kennzeichen: Fortbewegung durch ____________________

- Klasse Wimpertierchen

Art: ____________________

Kennzeichen: Fortbewegung durch ____________________

2. Unterreich: Vielzeller:

Abteilung Schwämme

Kennzeichen: ____________________

____

Abteilung echte Vielzeller:

◆ **Stamm Nesseltiere**

hierzu gehören: ____________________

Kennzeichen: ____________________

◆ **Stamm Weichtiere**

hierzu gehören: ____________________

◆ **Stamm Ringelwürmer**

Art: ____________________

Kennzeichen: Körper besteht aus ____________________

◆ **Stamm Gliederfüßer:**

Kennzeichen: ____________________ (wie der Name schon – fast – sagt)

• *Unterstamm Fühlerlose:*

• Klasse Spinnentiere

hierzu gehören: ____________________

Kennzeichen: __________ Fühler, __________ Beine

● *Unterstamm Krebse:*

• Klasse höhere Krebse

hierzu gehören: ____________________

Kennzeichen: __________ Fühler, __________ Beine

● *Unterstamm Antennentiere:*

• Klasse Hundertfüßer

Kennzeichen: mehr als ______ Beine, ______ Beinpaar pro Segment, ______ Fühler

• Klasse Tausendfüßer

Kennz.: mehr als ______ Beine, ______ Beinpaare pro Segment, ______ Fühler

• Klasse Insekten

Unterklasse Urinsekten:

Art: ____________________

Kennz.: ______ Beine, ______ Fühler, ______ Flügel

Unterklasse Fluginsekten:

Art: ____________________

Kennz.: ______ Beine, ______ Fühler, ______ Flügel

◆ **Stamm Stachelhäuter**
hierzu gehören: ______________________________

◆ **Stamm Chordatiere:**
• **Unterstamm Wirbeltiere:**
• Klasse Knorpelfische
Hierzu gehören: ______________________________
Kennz.: Wirbelsäule aus ________, Kiemenspalten ________ Kiemendeckel
• Klasse Knochenfische
Art: ______________________________
Kennz.: Wirbelsäule aus ________, Kiemenspalten ________ Kiemendeckel
• Klasse Lurche / Amphibien
hierzu gehören: ______________________________
Kennz.: ____________ Haut, Eier umgeben von ____________
Entwicklung im ______________________________
• Klasse Kriechtiere / Reptilien
hierzu gehören: ______________________________
Kennz.: ____________ Haut mit ____________ oder ____________
Eier umgeben von ____________ Entwicklung ____________
• Klasse Vögel
Kennz.: Haut bedeckt mit ________, Eier umgeben von ____________
• Klasse Säuger:
Kennz.: Haut bedeckt mit ______________________________
______________________________ zur Ernährung der Jungen
____

Unterklasse eierlegende Säuger:
Art: ______________________________
Kennz.: Embryonalentwicklung in ______________________________
Unterklasse Beuteltiere:
Art: ______________________________
Kennz.: Embryonalentwicklung im ______________________________
Unterklasse Plazentatiere:
Art: ______________________________
Kennz.: Embryonalentwicklung in ______________________________

b) Schreibe in die obere Zeile den Namen der Gruppe, in die untere Zeile genauere Angaben wie z. B. Untergruppen oder Artnamen. Achtung: Die Abbildungen haben nicht den gleichen Maßstab.

______________ ______________ ______________
______________ ______________ ______________

Wir bestimmen und ordnen verschiedene Tiere

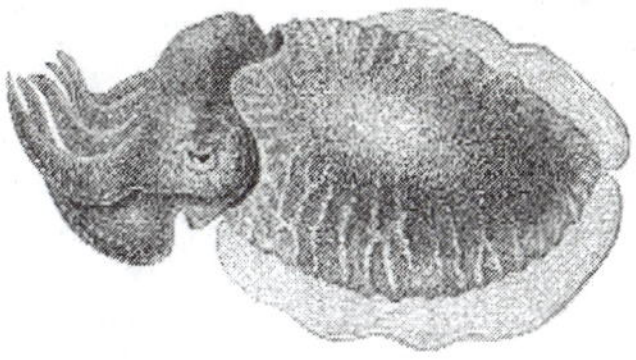

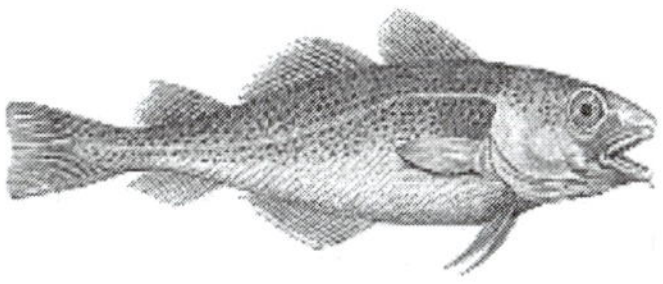
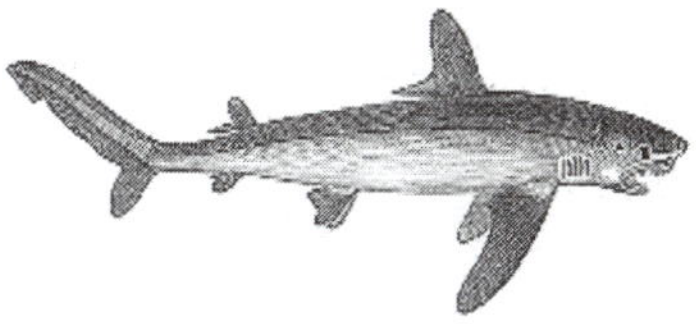
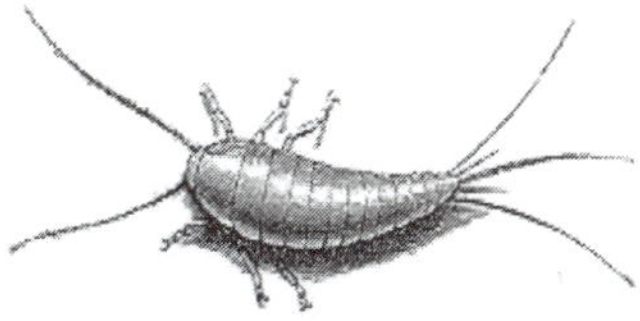

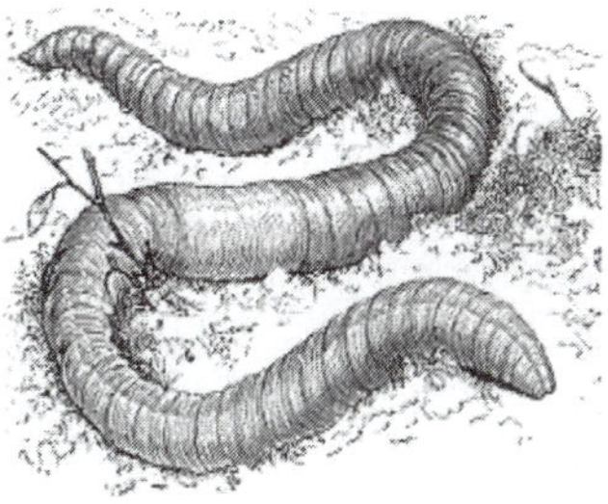
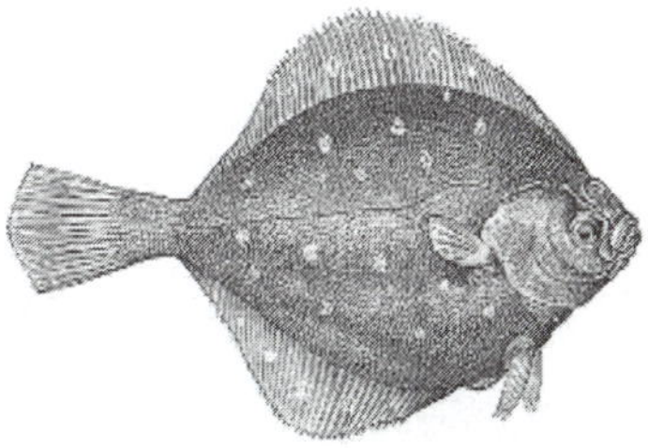

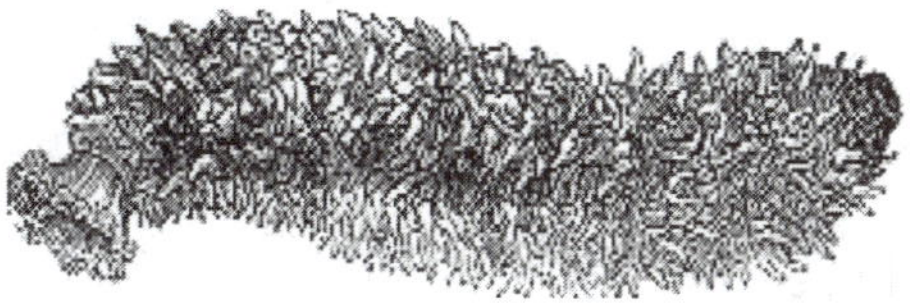

Wir bestimmen und ordnen verschiedene Tiere

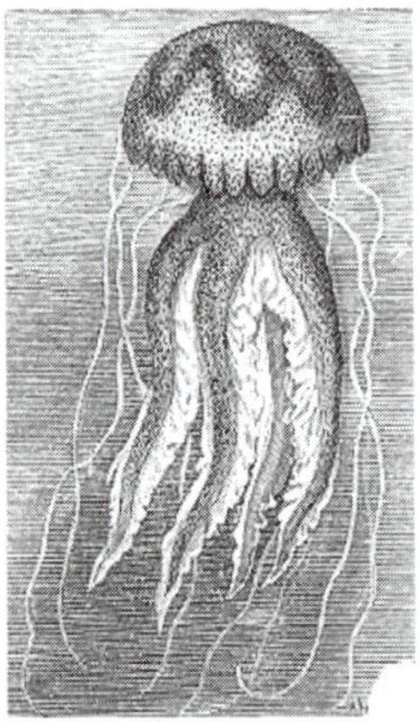

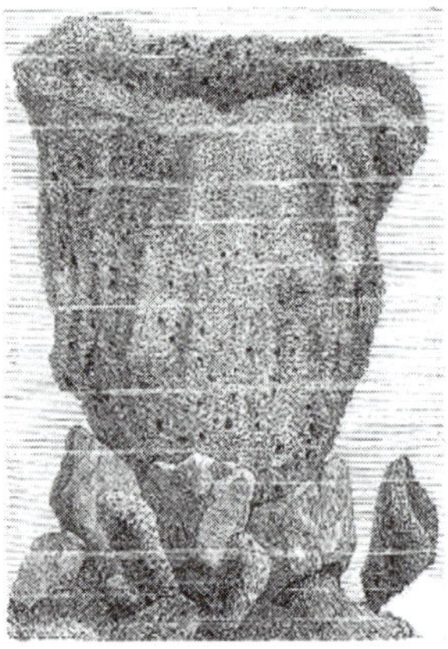
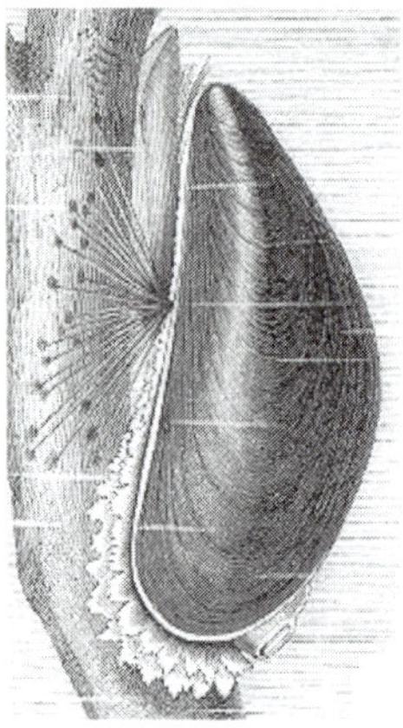

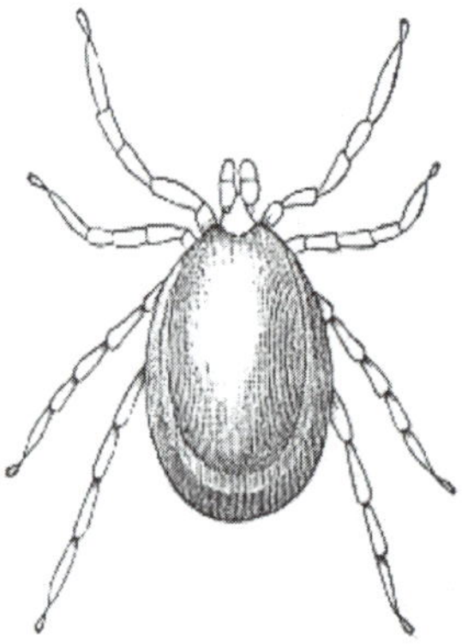

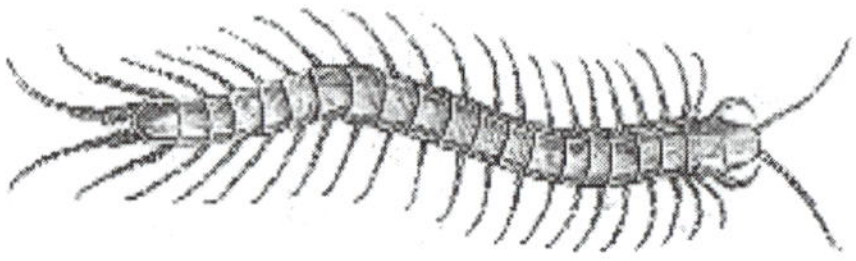
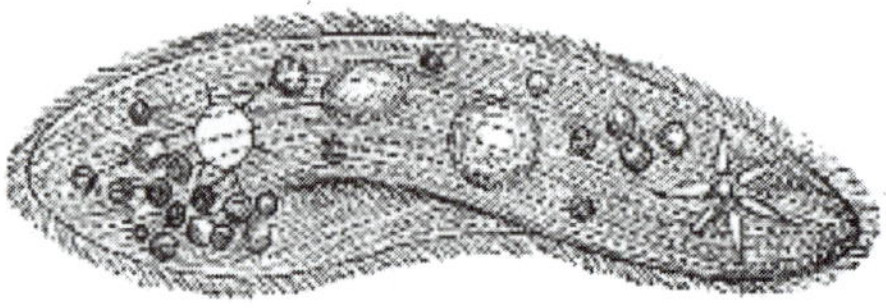

Wir bestimmen und ordnen verschiedene Tiere

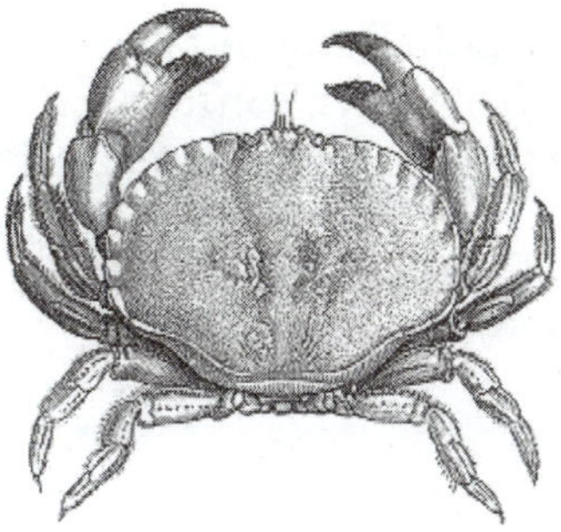

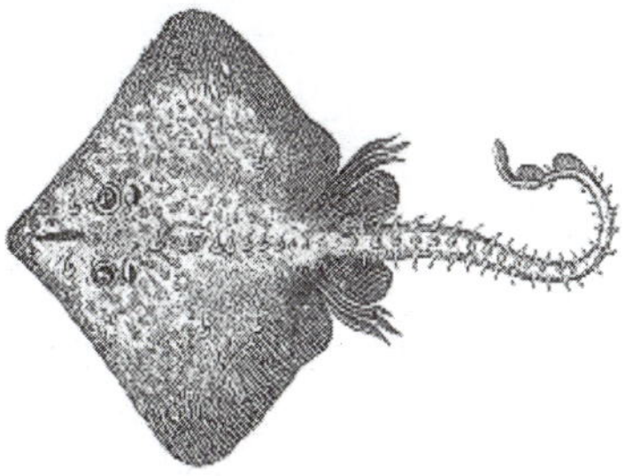
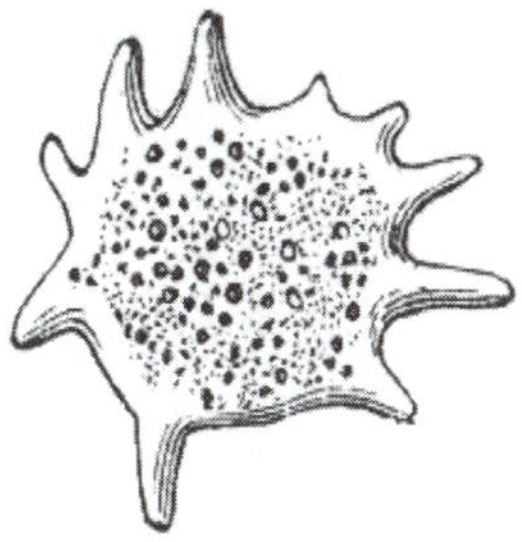

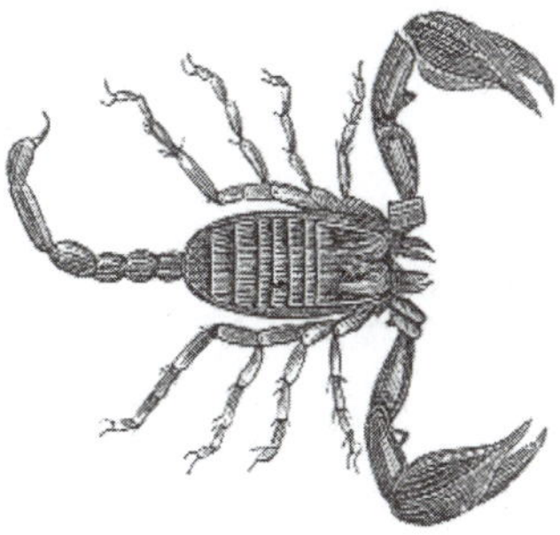

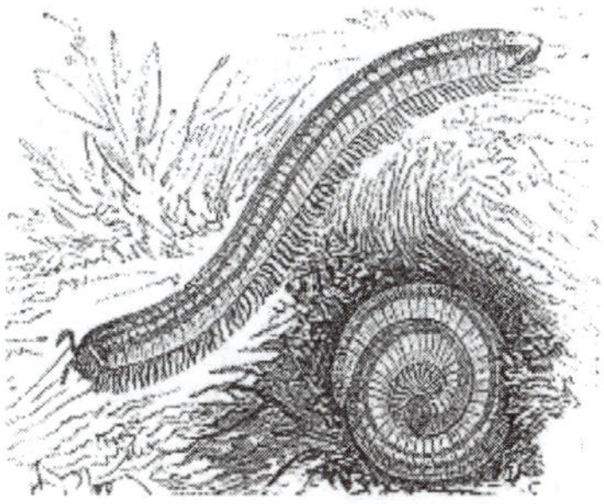

Alkohol- und Nikotingebrauch in unserer Gesellschaft

Plötzliche Arbeitslosigkeit oder der Verlust eines Partners sind sehr belastend. Trotzdem kommen die meisten Menschen auch mit solchen Lebensphasen ganz gut klar und überwinden die tragischen Vorfälle mit der Zeit. Es gibt aber Menschen, denen das nicht gelingt. Manchmal entsteht dadurch eine Alkoholsucht.

a) Überlege Dir mit einem Partner, durch welche Persönlichkeitsmerkmale manche Menschen suchtanfälliger sind als andere.

b) Alkoholkranke gelangen oft in einen so genannten Teufelskreis der Alkoholsucht. Versuche mit einem Schaubild und eigenen Worten diesen Teufelskreis darzustellen.

c) Überlege Dir, welchen Einfluss die Darstellung von Alkohol im Fernsehen auf Jugendliche hat. Gehe dabei auch auf die Diskussion um Alkopops ein.

d) Recherchiere im Internet z. B. unter http://www.bist-du-staerker-als-alkohol.de, welche negativen Folgen Alkoholkonsum haben kann.

e) Lisa ist 15 Jahre alt und steht vor Schulbeginn gerne noch mit ihren Freundinnen vor der Schule. Aus Langeweile und weil die anderen das ja auch machen, raucht sie morgens zwei Zigaretten. Überlege Dir andere Gründe, warum Jugendliche zu rauchen beginnen.

f) Mit welcher Begründung kannst Du eine angebotene Zigarette ablehnen?

g) Das Rauchen von Zigaretten ist zu 90 % für Lungenkrebs verantwortlich, verursacht durch den Teer der Zigarette, der sich an den Wänden der Lungenbläschen ablagert. Ordne bei der folgenden Abbildung die Texte den Bildbereichen zu.

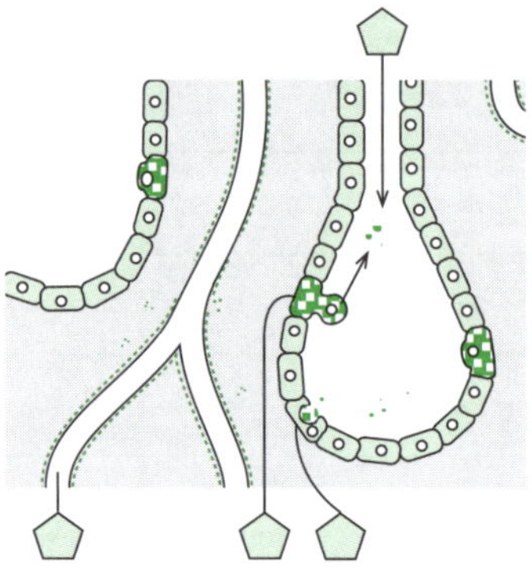

1. Luft mit Staubteilchen strömt in Lungenbläschen
2. Deckzelle „frisst" Staubteilchen
3. Vollgefressene Deckzellen wandern aus der Alveolenwand und werden über die Atemwege ausgeschieden
4. Im Übermaß vorhandene Ruß- und Staubteilchen gelangen durch die Alveolenwand in die Lymphe und lagern sich an Blutkapillaren an. Hier können die krebserregenden Stoffe Wucherungen verursachen.

a) Fülle den folgenden Lückentext aus:

Eine Nervenzelle besteht aus einem _______________ und den ____________________. Eine dieser _______________ ist besonders lang und hat an einem Ende Verzweigungen mit _______________. Letztere liegen am Zellkörper einer anderen Zelle an. Diese Verbindungsstelle nennt man ______________.

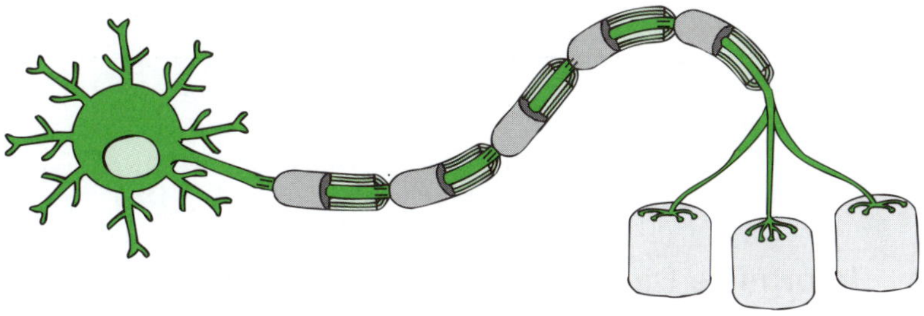

b) Die Übertragung von Impulsen einer Nervenzelle auf eine andere erfolgt auf chemischem Weg. Bringe dazu die Sätze in die richtige Reihenfolge:

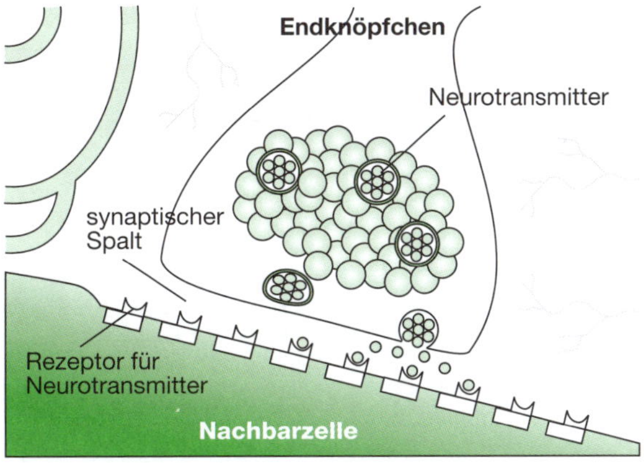

- Übertragungssubstanz wird ausgeschüttet. ◯
- Die Substanz wandert als Botenstoff zur Zellmembran und übermittelt auf diese Weise das Signal. ◯
- Bläschen mit chemischer Übertragungssubstanz wandert an Zellmembran. ◯
- Ein elektrischer Impuls kommt an. ◯
- In der Zelle entsteht dann wieder ein neuer elektrischer Impuls. ◯

c) Welche Wirkung haben Stoffe wie Alkohol, Drogen, Medikamente auf unser Nervensystem bzw. wie nehmen wir diese Veränderung wahr?

d) Informiere Dich, welche Gifte im Tabakrauch enthalten sind, und nenne Krankheitserscheinungen, die das Rauchen zur Folge hat.

Birgit hatte gestern richtig schlechte Laune. Eigentlich wollte sie nur bei ihrer Freundin übernachten und vorher noch mit ein paar Jungs aus ihrer Klasse vor dem Einkaufscenter abhängen, aber ihre Eltern haben ihr mal wieder alles kaputt gemacht. Statt nämlich sofort ihr OK zu geben, fing eine ewige Diskussion an, dass Birgit nie Zeit für die Familie hat, ständig unterwegs ist und immer gleich zu maulen anfängt, wenn man ihr mal etwas verbietet. Jetzt sitzt Birgit im Unterricht und kann sich nicht konzentrieren, weil sie voller Zorn ist.

a) Birgit will es vielleicht noch nicht wahrhaben, aber sie steckt mitten in der Pubertät. Im Text findest Du einige Hinweise darauf, wie sich das zeigt. Überlege Dir weitere Merkmale (körperliche und seelische):

____

____

____

____

____

____

b) Im Folgenden siehst Du einige „typische" Verhaltensweisen von Jungen und Mädchen in der Pubertät. Überlege Dir, welche Bedürfnisse und Ängste dahinterstecken könnten, und schreibe diese in die rechte Spalte.

Jungen	**Bedürfnisse/Ängste, die dahinterstecken könnten**
Kräfte messen in Rivalität mit anderen	
Statussymbole (Handy, teure Kleidung)	
Regelmäßiges Trinken von Alkohol	
Abwertung und Abgrenzung von Mädchen	
Große Klappe	

Mädchen	
Vergleichen mit anderen, Wichtigkeit von Mode	
Zickigkeit	
Star-Kult (Boy-Bands, Sportler, ...)	
Abwertung und Abgrenzung von Jungen	
„Abhängen" mit der Clique	

c) Informiere Dich im Internet oder in Fachbüchern, wodurch die Pubertät ausgelöst wird.

____

____

____

Unter Aids versteht man eine spezifische Kombination von Symptomen, die beim Menschen infolge der Infektion mit dem HI-Virus auftreten.

a) Erkläre, warum Aids auch als Immunschwächekrankheit bezeichnet wird.

____

____

b) Fülle den folgenden Lückentext aus:

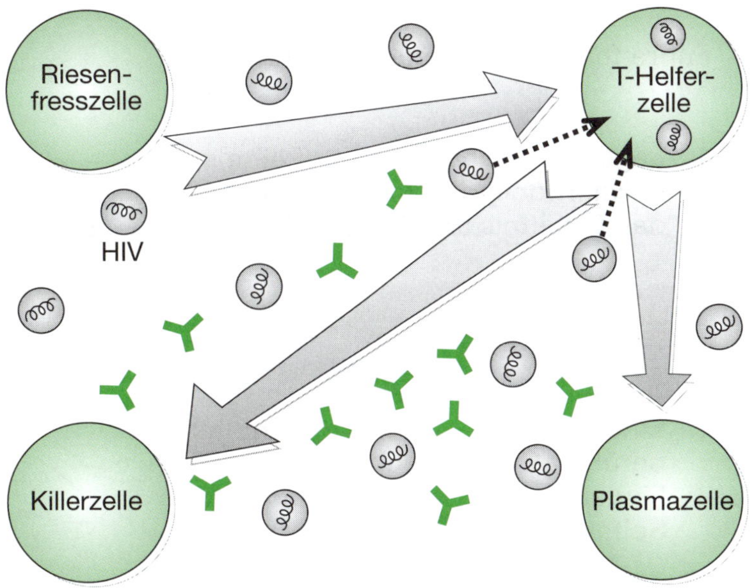

Nachdem das HI-Virus in den Körper eingedrungen ist, wird es von T-Helferzellen aufgenommen. Die geschwächten T-Helferzellen veranlassen die Produktion von ________________, die gegen das Virus vorgehen sollen. Das HI-Virus vermehrt sich aber innerhalb der T-Helferzellen, bringt diese zum Platzen und setzt viele neue ____________frei, die wieder neue ____________________ befallen können. Außerdem können sich HI-Viren sehr leicht ____________ und dann nicht mehr von den bisherigen Antikörpern unschädlich gemacht werden.

c) Bis heute gibt es keine Medikamente, mit denen man eine HIV-Infektion besiegen kann. Überlege Dir, wie man aber einer Infektion vorbeugen kann.

____

____

____

Schimmelpilze

Vielleicht hast Du schon mal in deinem Rucksack ein Pausenbrot vergessen, und erst nach einigen Tagen wieder „entdeckt". Das Pausenbrot ist dann vielleicht schon von einem watteähnlichen Belag bedeckt gewesen, den Schimmelpilzen.

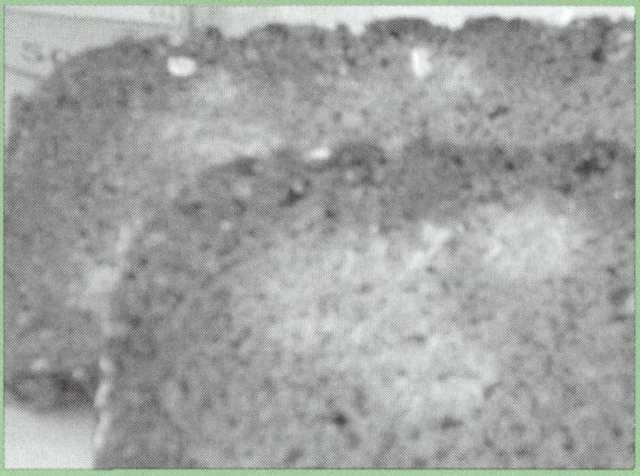

Schimmelpilze gehören zu den Mikroorganismen, die so heißen, da sie mikroskopisch klein sind. Mikroorganismen können sich rasch vermehren und entweder nützlich oder schädlich sein.

a) Führe folgenden Versuch durch:

1. Lege Deine Finger kurz auf eine sterile Nährbodenplatte und verschließe das Behältnis anschließend.

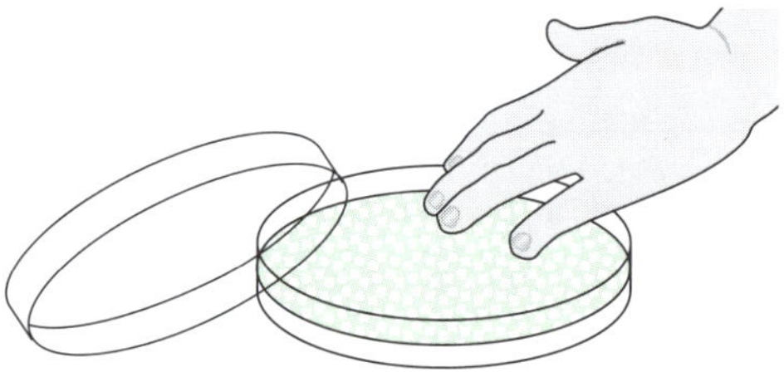

2. Eine zweite sterile Nährbodenplatte berührst Du auch kurz mit den Fingern, träufelst aber danach etwas Seifenlösung darauf.

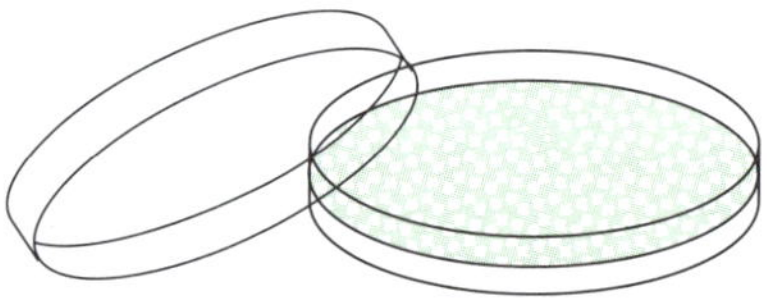

3. Eine dritte sterile Nährbodenplatte berührst Du nicht, sondern verschließt die Schale sofort.

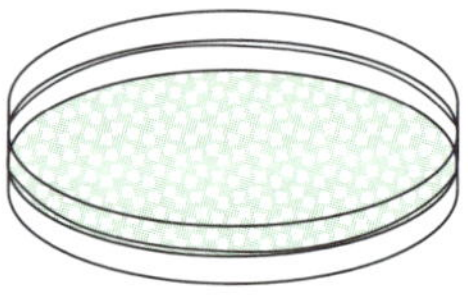

Lege die Petrischalen sieben Tage zur Seite und schreibe danach Deine Beobachtungen auf.

____

____

____

____

____

b) Begründe Deine Versuchsergebnisse. Gehe dabei darauf ein, welche Voraussetzungen Schimmelpilze für ein gutes Wachstum brauchen.

____

____

____

____

____

____

c) Beschrifte die Abbildung eines sog. „Pinselschimmels".

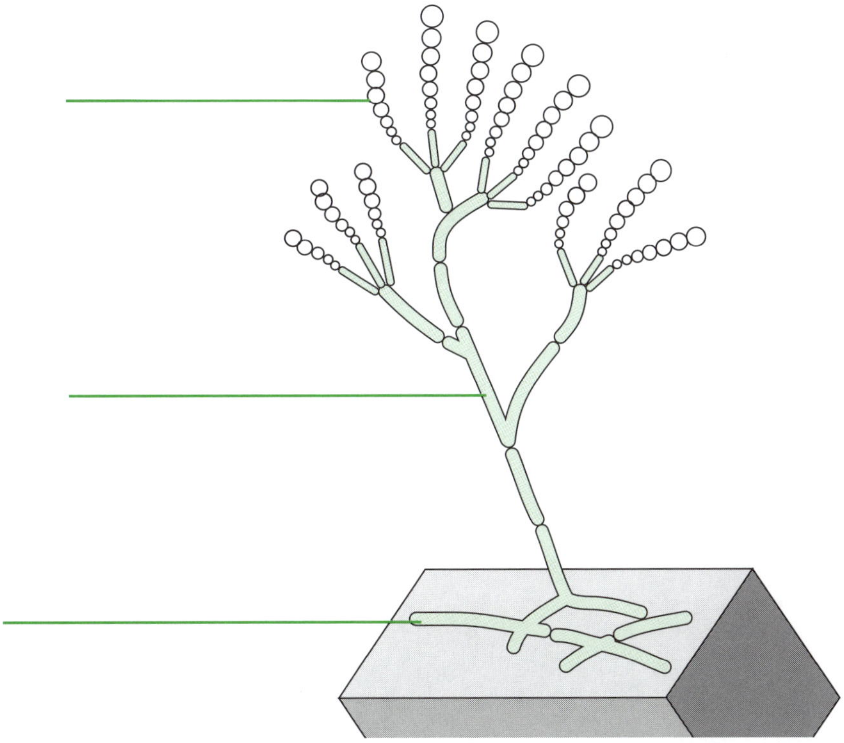

d) Weswegen ist der Pinselschimmel („Penicillium") ein so bedeutsamer Schimmelpilz? Informiere Dich im Internet oder in Fachbüchern dazu.

____

____

____

e) Welche Merkmale kennzeichnen die Schimmelpilze als Pilz?

____

____

____

____

f) Es ist wichtig, die Wohnung oft und ausreichend zu lüften. Welche Nebenwirkungen könnten sonst bei den Bewohnern auftreten?

____

____

____

____

Wer zu Hause schon mal selbst Brot gebacken hat, weiß, dass man Hefe in den Teig rührt, und anschließend den Teig ruhen lässt, bis er sich aufgebläht hat. Erst dann gibt man den Teig in den Ofen. Wieso macht man das? Führe dazu folgenden Versuch durch:

a) Gib Wasser und etwas Hefe in ein Glas, rühre die Hefe auf und verdünne nochmals.

Gib anschließend mit der Pipette einen Tropfen Hefelösung auf einen Objektträger, lege ein Deckglas darauf und beobachte das Präparat unter einem Lichtmikroskop.

Was siehst Du? Fertige eine einfache Skizze:

b) Gib 100 ml Wasser, 5 g Hefe und 15 g Rohrzucker in ein Becherglas, rühre mit einem Glasstab die Hefe gut auf, gib dann warmes Wasser dazu und schütte die Lösung in einen Glaskolben.

Verschließe den Glaskolben mit einem Stopfen. Aus dem Stopfen muss ein Glasrohr führen, das mit einer Gaswaschflasche (mit Kalkwasser) verbunden ist (siehe Abbildung).

Was beobachtest Du? Nach Beendigung des Versuchs solltest Du dazu auch mal an der Hefelösung riechen.

c) Was schließt Du daraus?

____

d) Den beobachteten Vorgang nennt man ______________________.

Zeichne eine Wortgleichung zu diesem Vorgang:

e) Wieso bläht sich ein Brotteig auf, wenn man Hefe in den Teig rührt?

____

____

____

f) Welche Merkmale der Hefe weisen auf ihre Zugehörigkeit zu den Pilzen hin?

____

____

____

g) Im Zusammenhang mit Hefe findet man häufig in der Fachliteratur das Wort „Biotechnologie". Forsche in einem Wörterbuch oder im Internet nach, was dieses Wort bedeutet, und versuche eine kurze Definition. Gib auch an, wo heutzutage Biotechnologie besonders wichtig ist.

____

____

____

Im Urlaub wird man von Eltern oder Freunden oft darauf hingewiesen, sein Getränk ohne Eiswürfel zu bestellen, da die Gefahr besteht, dass das Eis schon mehrfach aufgetaut und wieder eingefroren wurde. Das Eis könnte dadurch mit Bakterien verseucht sein.

a) Ein Bakterium ist dabei meist nur wenige tausendstel Millimeter groß. Trotzdem kann es manchmal gefährlich werden. Doch woran liegt das? Untersuche zunächst den Aufbau eines Bakterienkörpers und beschrifte dazu folgende Abbildung:

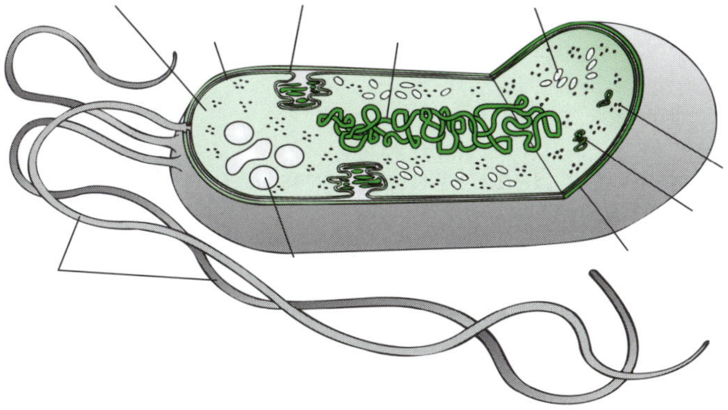

b) Welche Unterschiede erkennst Du zwischen Bakterienzellen auf der einen und Pflanzen- und Tierzellen auf der anderen Seite?

Bakterienzelle	Pflanzen- und Tierzelle

c) Bakterien können sich sehr schnell vermehren. Dabei teilt sich die Mutterzelle in zwei Tochterzellen. Angenommen, ein Bakterium spaltet sich alle 20 Minuten. Wie viele Bakterien sind nach sechs Stunden entstanden?

d) Wird in der Realität die Vermehrung der Bakterien immer so weitergehen? Begründe Deine Antwort.

e) In manchen Zoos gibt es Kaiserpinguine; deren Haltung ist aber besonders kompliziert: Damit diese möglichst selten krank werden, reinigt man ihre Luft durch einen Filter von Bakterien. Überlege Dir, warum das so wichtig ist. Beachte, dass Kaiserpinguine eigentlich in der Antarktis leben, wo die Temperatur selten über 0 Grad steigt.

f) Manche Bakterien verändern ihre Erbsubstanz plötzlich durch Mutation. Überlege Dir, was für Probleme das für uns Menschen mit sich bringen kann.

____

____

____

g) Unten siehst Du verschiedene Bakterienarten abgebildet. Ordne die Abbildungen den richtigen Bezeichnungen zu.

Kokken

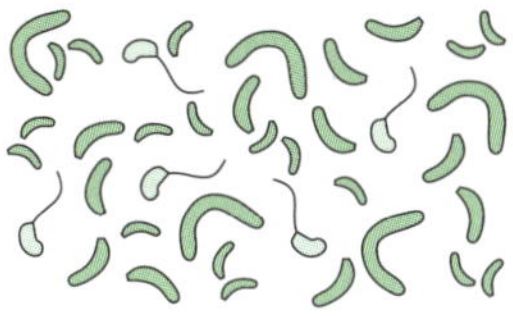

Stäbchenbakterien

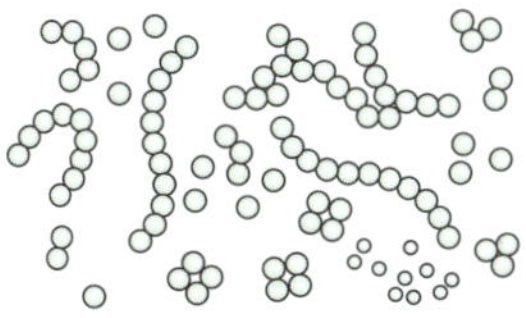

Spirillen

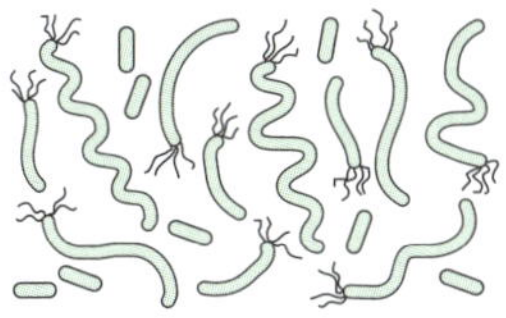

Vibrionen

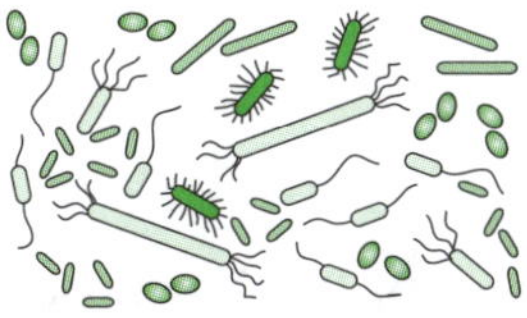

h) Überlege Dir, durch welche Maßnahmen man im Haushalt versucht, Lebensmittel möglichst bakterienfrei zu halten.

____

____

____

____

____

____

i) Bakterien können aber nicht nur negative Folgen für uns Menschen haben, manche werden extra in der Lebensmittelindustrie eingesetzt. Nenne Beispiele:

____

____

____

j) Auch in der Natur spielen Bakterien eine wichtige Rolle. Nenne und beschreibe drei Beispiele.

1. ____

____

____

2. ____

____

____

3. ____

____

____

k) Wenn bestimmte Arten von Bakterien in den Körper kommen, können diese ihren Wirt schädigen, oder sogar töten. Eine dieser Bakterienarten sind die Salmonellen. Suche im Internet (z. B. unter www.wikipedia.de) oder in Fachbüchern Informationen über Salmonellen. Gehe dabei auch auf hervorgerufene Symptome und Möglichkeiten des Schutzes ein.

Salmonellen

____

____

____

____

____

l) Im Kampf gegen Seuchen gibt es einige bedeutende Wissenschaftler, die schon früh erkannten, dass ein enger Zusammenhang zwischen ansteckenden Infektionskrankheiten und Bakterien besteht.

Besonders bekannte Wissenschaftler sind z. B. Louis Pasteur oder Robert Koch. Informiere Dich im Internet oder in Fachliteratur über einen dieser Wissenschaftler und verfasse einen kurzen Text über Deine Ergebnisse. Vielleicht findest Du auch ein Bild von Deinem Wissenschaftler.

Im Herbst, wenn es draußen nass und kalt ist, erkranken viele Menschen an einer Erkältung. Grund dafür ist u. a. eine Infektion durch ein Virus.

a) Was ist eine Infektion?

____

____

____

____

b) Viren bestehen nur aus einer Eiweißhülle und dem Erbgut. Auch wenn sowohl Bakterien als auch Viren zu den Mikroorganismen zählen, unterscheiden sie sich doch in vielen Merkmalen. Zeige diese Unterschiede auf:

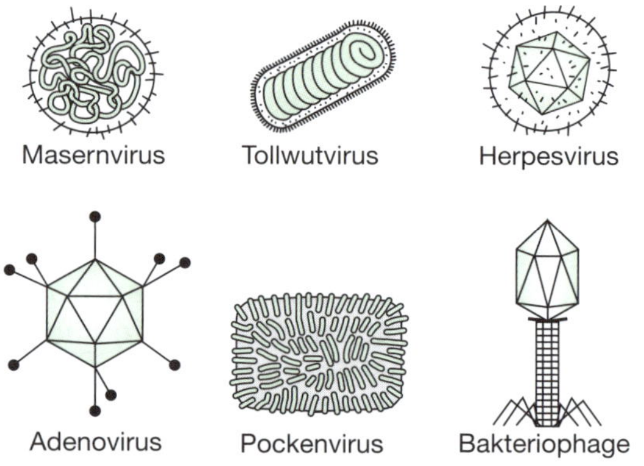

Viren	Bakterien

FORUM Forum Verlag Herkert GmbH

c) „Bakteriophagen" ist die Bezeichnung für Viren, die Bakterien als Wirte nutzen. Wie diese sich vermehren, siehst Du auf der folgenden Abbildung. Du musst aber noch die Beschreibungen in die richtige Reihenfolge bringen.

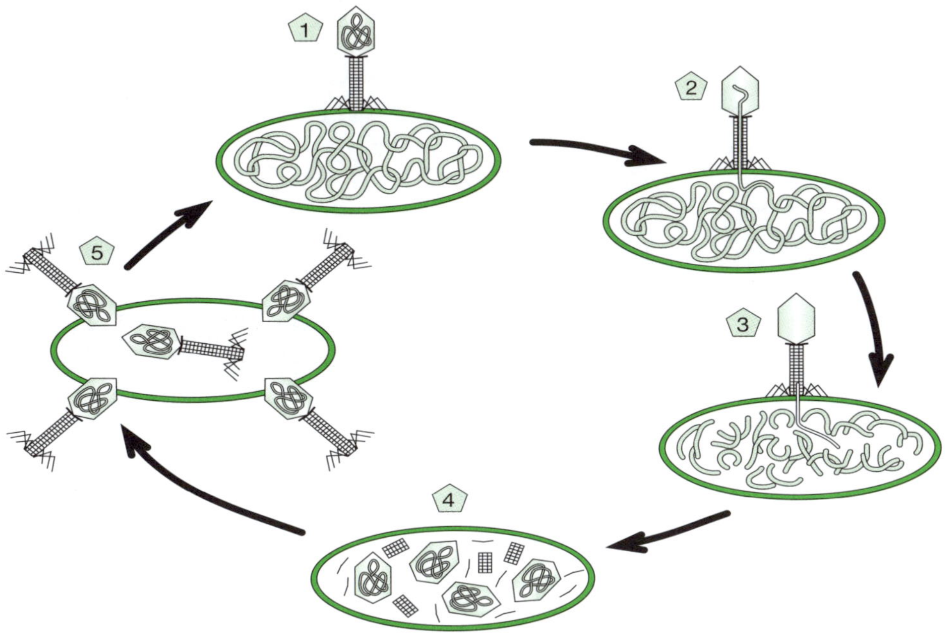

Spalten der Bakterien-Erbsubstanz ◯

Freisetzen der Phagen ◯

Herstellen von Phagen-Eiweißen und -Erbsubstanz durch das Bakterium ◯

Einschleusung der Phagen-Erbsubstanz ◯

Anheftung des Phagen ◯

d) Nennen und beschreibe eine Dir bekannte Virus-Erkrankung. Gehe dabei auch auf den Erreger und eine mögliche Bekämpfung / Therapie ein.

Bei einer Infektion durch den Grippevirus treten zahlreiche

e) Abwehrreaktionen in Kraft. Beschreibe anhand der Abbildung, wie sich der Körper gegen Viren wehrt.

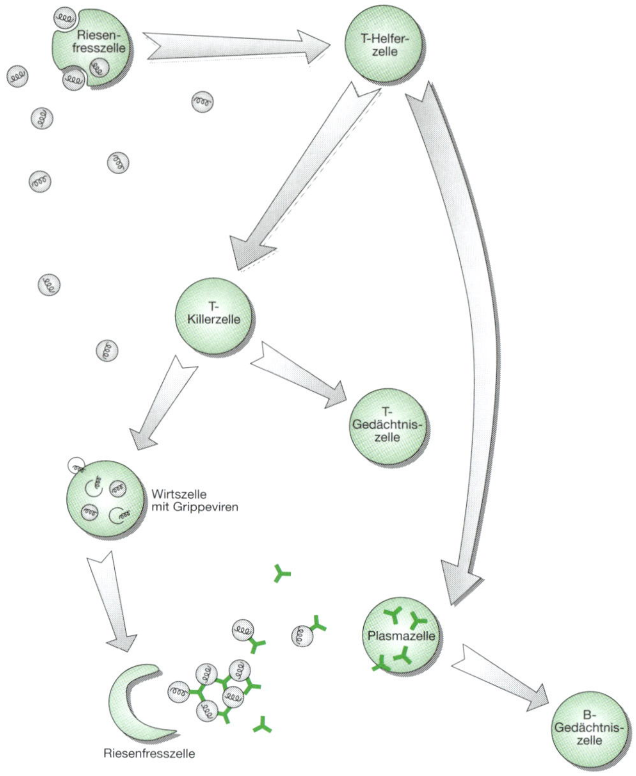

f) Wie kannst Du Deinen Körper bei der Abwehr von Krankheitserregern unterstützen?

a) Lege allein oder in Partnerarbeit eine Wasserpflanze in ein mit Leitungswasser gefülltes Glasgefäß. Verschließe das Gefäß und führe folgende Versuche durch. Kreuze bei der Begründung deine Vermutungen an.

Versuch 1: Beleuchte das Behältnis.

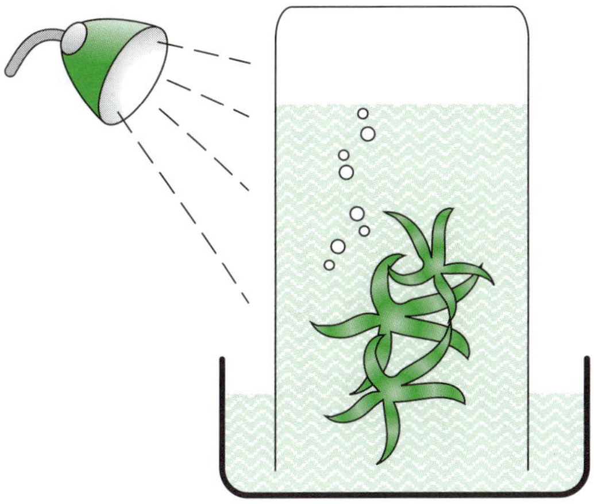

Beobachtung:

Begründung:
- ❐ Bei der Fotosynthese entsteht Sauerstoff.
- ❐ Fotosynthese funktioniert nur bei Leitungswasser.
- ❐ Bei der Fotosynthese wird Sauerstoff benötigt.

Versuch 2: Gieße das Leitungswasser aus dem Behälter, koche es ab, lass es abkühlen und gib es dann erst wieder in den Behälter mit der Pflanze. Beleuchte den Behälter. (P.S.: Beim Abkochen werden alle Gase aus dem Wasser vertrieben.)

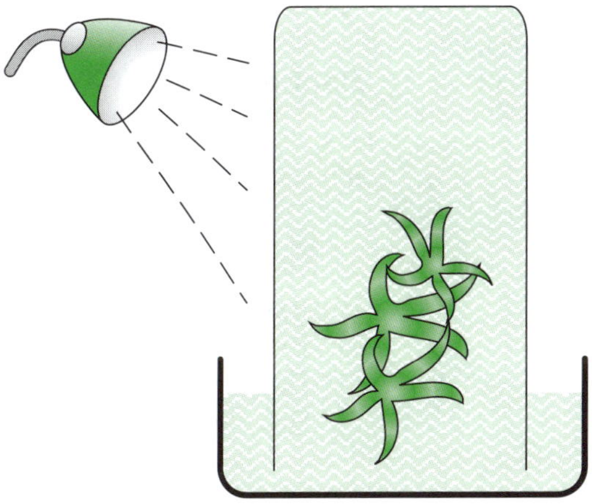

Beobachtung:

Begründung:
- ❐ Bei der Fotosynthese entsteht Sauerstoff.
- ❐ Für die Fotosynthese braucht man Kohlenstoffdioxid.
- ❐ Für die Fotosynthese braucht man Sauerstoff.

Versuch 3: Beleuchte den Behälter mit der Pflanze nicht mehr.

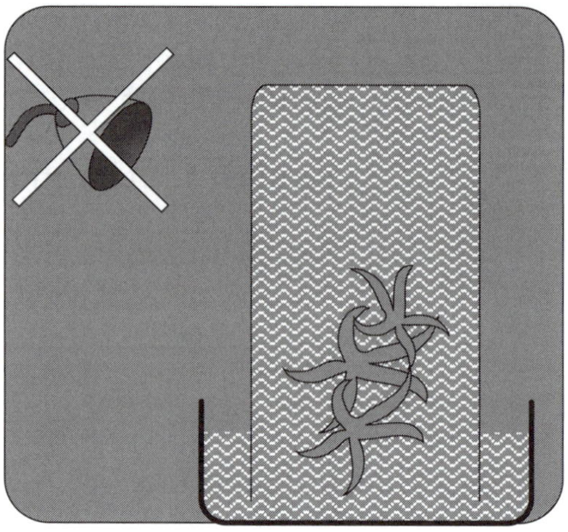

Beobachtung:

____

____

Begründung:
- ❒ Ohne Sauerstoff findet keine Fotosynthese statt.
- ❒ Bei der Fotosynthese entsteht Zucker.
- ❒ Für die Fotosynthese ist Licht notwendig.

Versuch 4: Decke ein Blatt mit einer Schablone teilweise ab, belichte es für 12 Stunden und koche es dann in Spiritus aus. Lege es in eine Jod-Kalium-Jodid-Lösung.

Beobachtung:

____

____

Begründung:
- ❒ Bei der Fotosynthese entsteht Stärke.
- ❒ Bei der Fotosynthese entsteht Jod.
- ❒ Bei der Fotosynthese entsteht Kohlenstoffdioxid.

Versuch 5: Wiederhole den vierten Versuch bei einem Blatt, das nur an manchen Stellen grün ist, an anderen Stellen aber z. B. weiß.

Beobachtung:

____

____

Begründung:
- ❒ Sauerstoff entsteht dort, wo das Blatt weiß ist.
- ❒ Stärke entsteht dort, wo sich Chloroplasten befinden.
- ❒ Kohlenstoffdioxid entsteht dort, wo das Blatt grün ist.

b) Fasse alle Deine Versuchsergebnisse zusammen.

– ______________________________

– ______________________________

– ______________________________

– ______________________________

– ______________________________

c) Gib Deine Ergebnisse als Wortgleichung wieder.

d) Warum wachsen Algen in flachen Gewässern besser als in tiefen?

____

____

e) Wie könnte man die Fotosynthese-Leistung einer Pflanze feststellen?

____

____

____

____

f) Hier siehst Du die Abbildung eines Querschnitts durch ein Blatt. Beschrifte es. Begründe anschließend, inwiefern es an die Fotosynthese angepasst ist.

Die Sinnesorgane

Über die fünf Sinnesorgane unseres Körpers nehmen wir die Zustände und Vorgänge in der Außenwelt wahr.

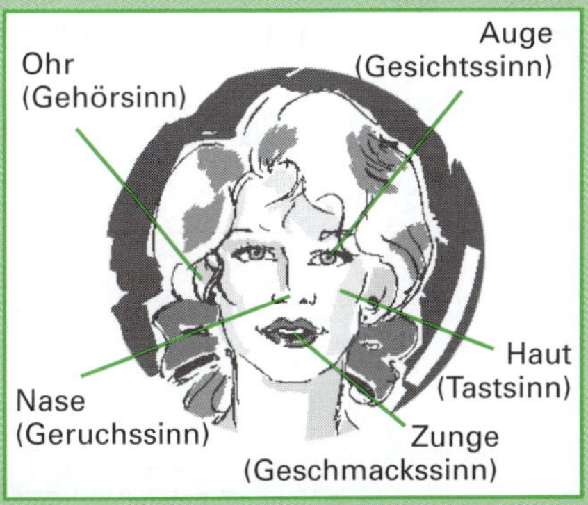

Mit Augen, Ohren, Nase, Zunge und Haut empfangen wir Reize, übersetzen sie in elektrische Nervenimpulse und geben diese an das Gehirn weiter. Dort werden sie in bestimmten Regionen verarbeitet und von uns als Bilder und Bewegungen, Geräusche, Gerüche, Geschmack, Temperatur und Berührung erfahren. Die gesammelten Eindrücke werden in ein komplexes Wahrnehmungsschema eingeordnet und entsprechend diesem Schema interpretiert.

1. Das Auge:

a) Wichtigstes Sinnesorgan des Menschen ist das Auge, das für etwa 70 Prozent der täglichen Wahrnehmungen verantwortlich ist. Beschreibe, wie das Auge insgesamt geschützt ist (z. B. vor Verschmutzung, Verletzungen etc.)

b) Erkläre den Weg des Lichts durch das Auge. Erstelle dazu auch eine schematische Zeichnung.

c) Im Folgenden siehst Du die Abbildung der Linse einer kurzsichtigen Person (links) und einer weitsichtigen Person (rechts). Erkläre anhand der Abbildung, wie es zu Weitsichtigkeit bzw. Kurzsichtigkeit kommen kann.

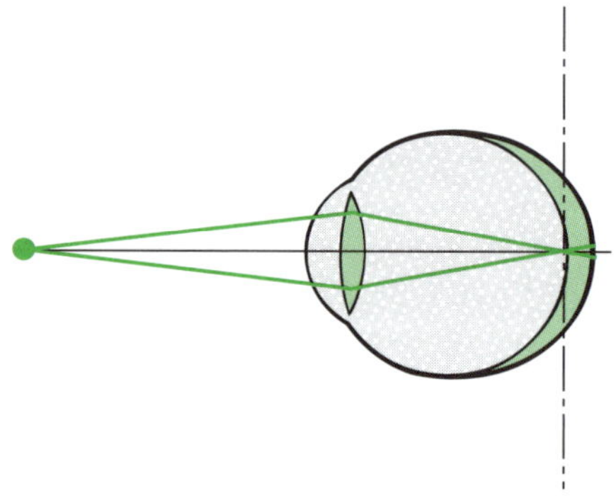

Kurzsichtigkeit

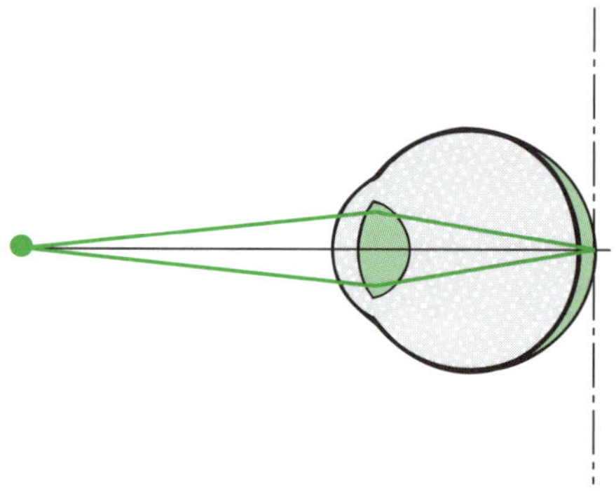

Weitsichtigkeit

2. Das Ohr:

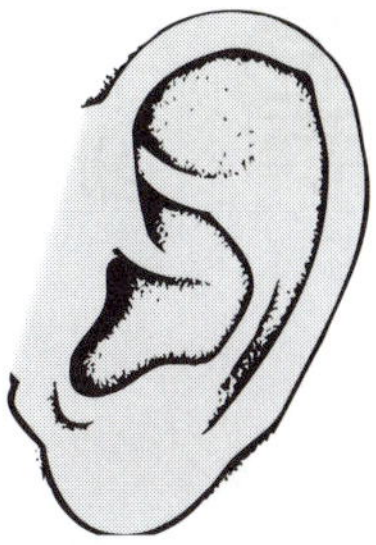

a) Mit dem Ohr nehmen wie nicht nur Töne und Geräusche wahr; es ermöglicht uns auch, das Gleichgewicht zu halten.

Beschreibe stichpunktmäßig den Hörvorgang.

b) Warum müssen wir versuchen, uns bestmöglich vor Lärm zu schützen?

3. Geschmackssinn und Geruchssinn

a) Führe mit einem Partner oder allein folgenden Versuch durch: Einer bereitet kleine, geschälte Stücke von Apfel, Gurke, Kartoffel, ... vor. Der andere muss sich die Nase zuhalten und mit verbundenen Augen die einzelnen Nahrungsstücke in den Mund nehmen. Erst nach dreimaligen Kauen darf man schlucken. Testet, ob die Versuchsperson die Nahrungsstücke erkennt. Führt den gleichen Versuch anschließend ohne zugehaltene Nase durch. Was stellt Ihr fest?

Worin seht Ihr die Begründung?

b) Warum können wir bei einem Schnupfen kaum noch etwas riechen?

c) Welche fünf Geschmacksrichtungen können wir schmecken?

4. Die Haut

a) Beschrifte die Abbildung der Haut.

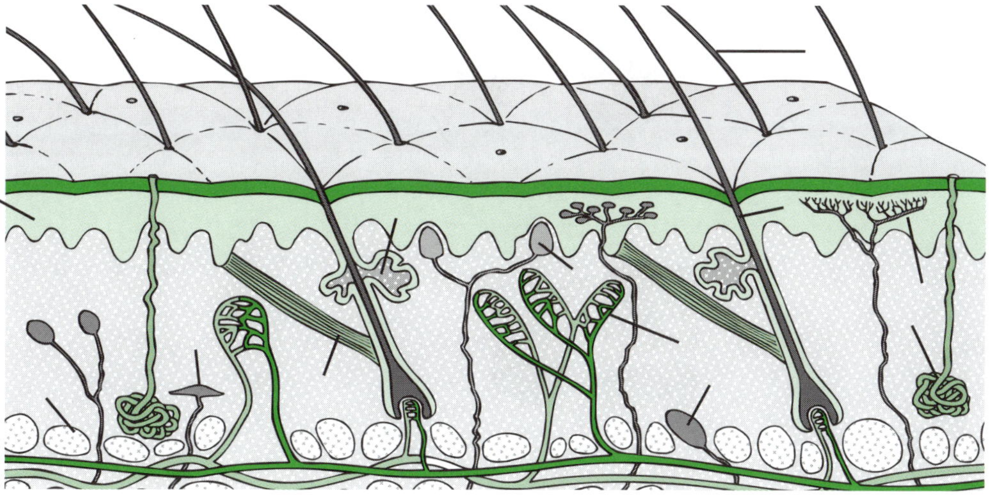

b) Welche Beobachtung kann man machen, wenn man seine Hand für mehrere Minuten in einen Plastikbeutel steckt und diesen zuhält? Begründe.

c) Was kannst Du beobachten, wenn Du einen Arm zwei Minuten nach oben streckst, den anderen währenddessen nach unten hältst und anschließend beide Hände auf einen Tisch legst? Begründe.

a) Beschreibe mit eigenen Worten den Vorgang der Informationsverarbeitung. Beschrifte dazu auch die Darstellung.

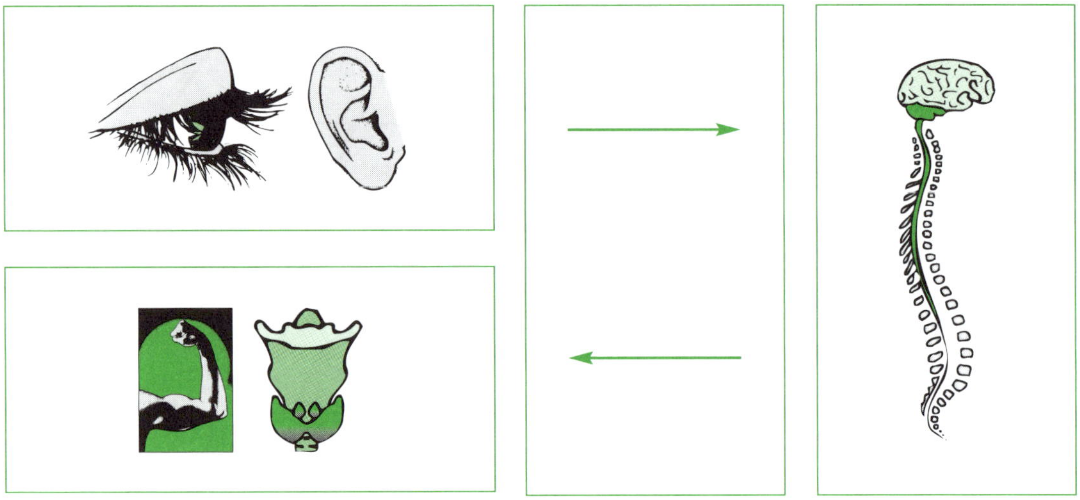

b) Erkläre die folgenden Begriffe:

Nervensystem:

Zentralnervensystem:

Peripheres Nervensystem:

a) Was sind Hormone und was regeln sie? Informiere Dich in Fachbüchern und im Internet und verfasse eine kurze Definition.

Hormone

____

____

____

____

____

b) Was sind die Unterschiede zwischen Hormon- und Nervensystem?

Hormonsystem	Nervensystem

c) Hormone werden in Drüsen oder Geweben gebildet. Benenne die abgebildeten Drüsen und gib kurz ihre Aufgaben an.

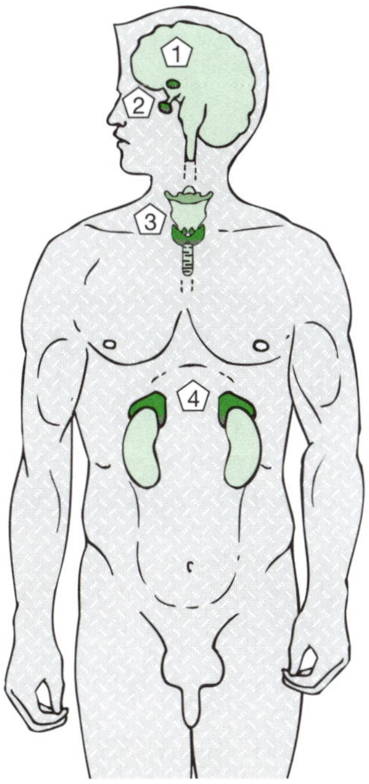

Aufgaben:

1. ____________________

____

2. ____________________

____

3. ____________________

____

4. ____________________

____

d) Wenn wir längere Zeit nichts gegessen, und besonders viel gearbeitet haben, kann es sein, dass uns schwindlig wird, wir zittern und schwitzen. Grund dafür ist unser Blutzuckerspiegel. Erkläre, inwieweit ein bekanntes Hormon hier eine Rolle spielt.

____

____

____

____

____

____

____

____

Unser Körper hat viele Abwehr- und Schutzmechanismen, um uns gesund zu halten:

1. Die Haut

a) Die Haut ist das größte Organ des Menschen. Überlege Dir die Aufgaben und Schutzfunktionen, die unsere Haut erfüllt.

b) Wie kannst Du Deine Haut schützen?

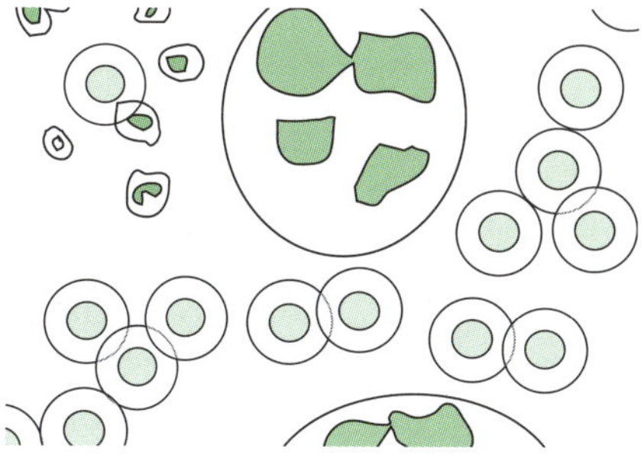

2. Das Blut

a) Nenne mindestens fünf Aufgaben, die Blut in unserem Körper erfüllt.

b) Beschreibe die Aufgaben der Bestandteile des Blutes. Fertige auch eine kleine Skizze der ersten beiden Bestandteile an.

Rote Blutkörperchen:

Weiße Blutkörperchen:

Blutplättchen:

Blutplasma:

3. Das Lymphsystem

a) Beschrifte die Abbildung des Herz-Kreislauf-Systems. Zeichne das Lymphsystem noch schematisch dazu.

Male die linke Herzhälfte und das sauerstoffreiche Blut rot, sowie die rechte Herzhälfte mit dem sauerstoffarmen Blut blau an.

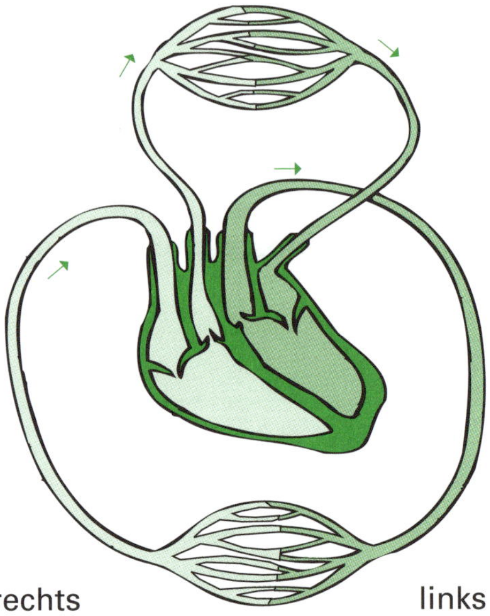

b) Welche Aufgaben hat das Lymphsystem? Informiere Dich dazu im Internet oder über Fachbücher.

c) Inwiefern sind Lymphknoten wichtig für die Abwehr von Krankheitserregern?

d) Welche Rolle spielt das Lymphsystem bei einer Blutvergiftung?

4. Die Immunisierung

a) Welche Mechanismen hat der Körper für die „natürliche Immunisierung" zur Verfügung?

b) Was bedeutet im Vergleich dazu die „aktive Immunisierung"? Die Abbildungen helfen Dir bei Deinen Erläuterungen.

Impfung Gesunder mit abgeschwächten Krankheitserregern

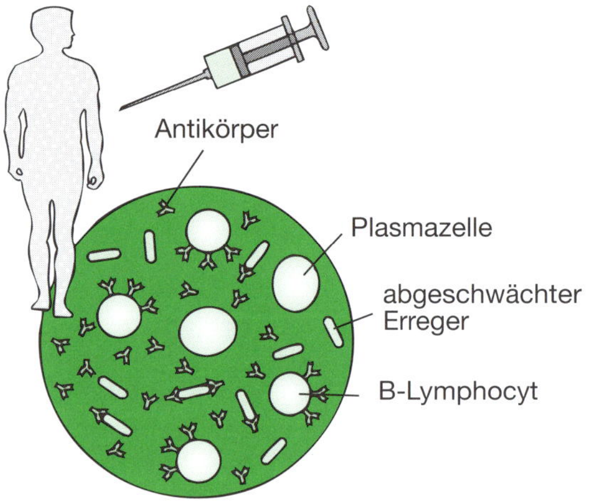

Bei Infektion besteht aktive Immunität

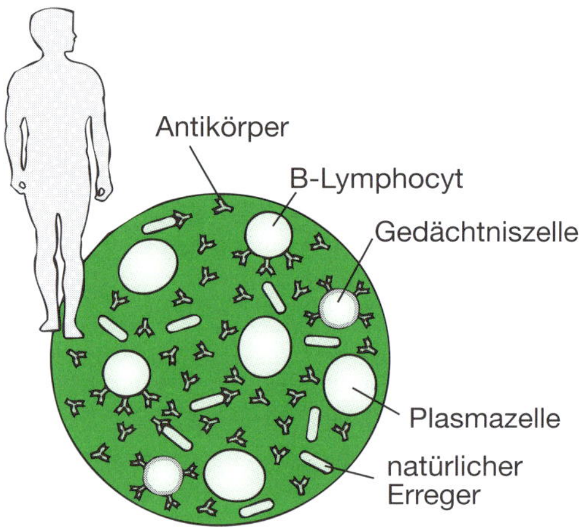

c) Wie wirkt die „passive Immunisierung"? Erstelle dazu auch eine vergleichbare Zeichnung wie bei Aufgabe b).

Vielleicht habt Ihr an der Schule oder im eigenen Garten einen Teich. So ein Teich ist ein Beispiel für ein Ökosystem. Ein Ökosystem ist ein Beziehungsgefüge zwischen einer Lebensgemeinschaft (Biozönose) und ihrem Lebensraum (Biotop).

„Biotische Systeme" (Mensch, Tier, Pflanze) stehen dabei in enger Wechselwirkung zu „abiotischen" Umweltfaktoren (Luft, Licht, Bodensalze, Wasser).

a) Erkläre anhand des Beispiels Teich die oben genannten Begriffe und ihr Zusammenwirken.

b) Beschreibe, inwieweit die abgebildeten Pflanzen an ihr Leben im Teich angepasst sind. Beachte dabei die Tiefe, in der sie im Wasser sind.

c) Was versteht man unter einem biologischen Gleichgewicht?

d) Zeichne eine Nahrungspyramide am Beispiel eines Teiches. Informiere Dich vorher, welche Lebensformen es in Teichen gibt.

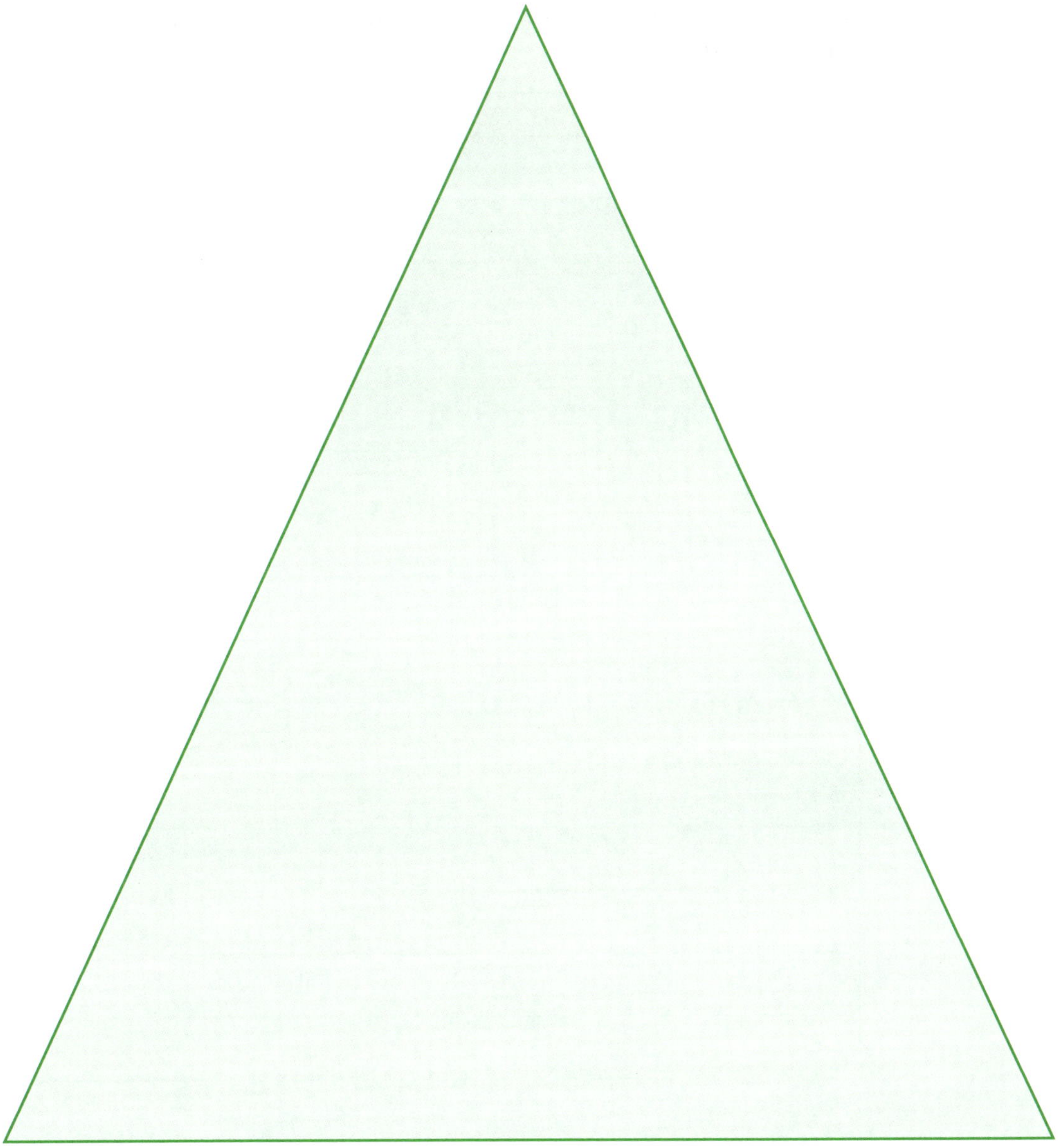

e) Das Grundwasser ist unser bestes Trinkwasser. Überlege Dir, inwieweit es durch Eingriffe des Menschen gefährdet ist und wie man die Qualität selbst schützen kann. Erarbeite dazu mit einem Partner einen kurzen Bericht. Vielleicht kennst Du direkte Bedrohungen in Deiner Nachbarschaft oder Umgebung.

Notizen

Notizen

Nachbestellung

FAX-Anforderung

Telefaxnummer: 08233 / 381-222

AN: FORUM VERLAG HERKERT GMBH · Mandichostraße 18 · 86504 Merching
Tel. 08233/381-123 · E-Mail: service@forum-verlag.com · www.forum-verlag.com

○ **Ja,** wir bestellen folgende **Übungshefte / Lösungshefte zu den Bildungsstandards:**

Übungshefte zu den Bildungsstandards Fächer		Art.Nr.	Preis €	Klasse 1 – 2 Menge	Klasse 3 – 4 Menge	Klasse 5 – 6 Menge	Klasse 7 – 8 Menge	Klasse 9 – 10 Menge
Deutsch	Schülerheft	3280	6,50					
	Lösungsheft	3281	13,90					
Mathematik	Schülerheft	3282	6,50					
	Lösungsheft	3283	13,90					
Englisch	Schülerheft	3284	6,50					
	Lösungsheft	3285	13,90					
Biologie	Schülerheft	3286	6,50	Erst ab Klasse 5				
	Lösungsheft	3287	13,90					
Physik	Schülerheft	3288	6,50	Erst ab Klasse 7				
	Lösungsheft	3289	13,90					
Chemie	Schülerheft	3290	6,50					
	Lösungsheft	3291	13,90					
Rechtschreibtraining für die Sekundarstufe I (Klasse 5 – 10) – neue, seit 01.08.2006 verbindliche Rechtschreibung								
	Schülerheft	3292	6,50	Erst ab Klasse 5				
	Lösungsheft	3293	13,90					

Es gelten die allgemeinen Geschäftsbedingungen des Verlags. Alle Preise verstehen sich inkl. Mehrwertsteuer zzgl. Versandkosten.
Hiermit bestellen wir die obigen Übungshefte / Lösungshefte in angegebener Menge:

Datum Stempel und Unterschrift

Telefon 08233/381-123
Telefax 08233/381-222

Bitte in Fensterkuvert stecken und absenden an:

FORUM VERLAG
HERKERT GMBH
Postfach 1340

86408 Mering

Bitte geben Sie hier Ihre vollständigen Kontaktdaten an

Schule / Behörde

Name, Vorname

Straße

PLZ, Ort

Telefon Telefax

E-Mail

FORUM VERLAG HERKERT GMBH
Mandichostraße 18
86504 Merching
Tel. 08233 / 381-123
Fax 08233 / 381-222
service@forum-verlag.com
www.forum-verlag.com

Bibliografische Information der Deutschen Bibliothek

Die Deutsche Bibliothek verzeichnet diese
Publikation in der Deutschen Nationalbibliografie;
detaillierte bibliografische Daten sind im Internet
über http:/www.ddb.de abrufbar.

2. Auflage Februar 2007

Satz: Fotosatz Mäschig GmbH, 74582 Gerabronn
Druck: Verlagsdruckerei Kessler, 86399 Bobingen
Printed in Germany 2006

ISBN 978-3-86586-083-5